essentials

Sonja Koopmann-Wischhoff

Optimierung von Online-Stellenanzeigen

Kompaktes Wissen für effektives Recruiting

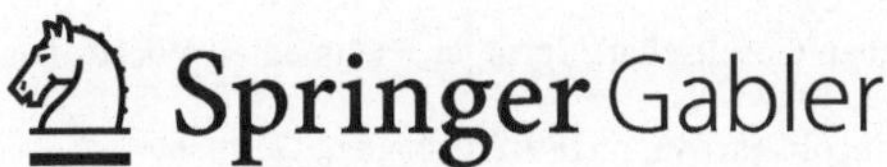
Springer Gabler

Sonja Koopmann-Wischhoff
Essen, Deutschland

ISSN 2197-6708 ISSN 2197-6716 (electronic)
essentials
ISBN 978-3-658-31974-8 ISBN 978-3-658-31975-5 (eBook)
https://doi.org/10.1007/978-3-658-31975-5

Die Deutsche Nationalbibliothek verzeichnet diese Publikation in der Deutschen Nationalbibliografie; detaillierte bibliografische Daten sind im Internet über http://dnb.d-nb.de abrufbar.

Planung/Lektorat: Mareike Teichmann
Springer Gabler ist ein Imprint der eingetragenen Gesellschaft Springer Fachmedien Wiesbaden GmbH und ist ein Teil von Springer Nature.
Die Anschrift der Gesellschaft ist: Abraham-Lincoln-Str. 46, 65189 Wiesbaden, Germany

Was Sie in diesem *essential* finden können

- Relevante Inhalte und Gliederung einer Online-Stellenanzeige
- Welche Faktoren sollte man vermeiden?
- Beispiel einer Anzeigenoptimierung
- Darstellung einer möglichen Stellenanzeige
- Präsentation des ausschreibenden Unternehmens als Arbeitgebermarke

Vorwort

Das Thema Optimierung, speziell von Online-Stellenanzeigen, ist erst in den letzten Jahren richtig aufgekommen und wird in vielen Unternehmen erst nach und nach wirklich aufgegriffen. Dies liegt vor allem daran, dass in den entsprechenden Abteilungen immer nur eine begrenzte Form von Manpower vorhanden ist und hier häufig weder die Zeit noch die Hintergrundinformation bestehen, die Anzeige wirklich zu durchleuchten. Ich habe diesen Bereich über Jahre hinweg selbst verantwortet, begleitet von Faktoren wie dem damals neu eingeführten Gesetz zur Genderneutralität und weiteren Vorgaben wie verschiedenen Kriterien gegen Diskriminierung. Nach und nach stellte ich fest, dass viele an sich kleine Punkte in der Anzeige so selbstverständlich genommen werden, dass man einfach vergisst, sie auch auszuformulieren. Werden diese Punkte beim Namen genannt, erhält der Anzeigentext plötzlich einen ganz neuen Charakter, und dies kann letztendlich den finalen Unterschied in Richtung der erfolgreichen Besetzung einer Stelle ausmachen.

Fakt ist: Man weiß nie, wann der richtige Zeitpunkt ist, einen passenden Kandidaten für eine vakante Stelle zu finden. Sei es eine schwierige Durststrecke wie derzeit Corona oder auch der ganz normale Feiertagswahnsinn wie Weihnachten, Ostern, die Sommerferienzeit… Es wird immer Zeiten und Situationen geben, in denen sich die Personalsuche herausfordernder gestaltet als in anderen. Auch regional oder branchenbezogen kann es vorkommen, dass für genau diese Stelle gerade weniger Kandidaten auf der Suche sind. Fakt ist aber auch: Es wird immer passende Kandidaten geben, die direkt oder auch latent suchend darauf warten, dem für Sie richtigen Unternehmen zu begegnen. Es gilt, gerade diese so passend anzusprechen, dass sie sich nicht nur mit der Stelle identifizieren, sondern auch die notwendige Motivation entwickeln, sich mit der ausgeschriebenen Stelle näher zu befassen.

Alles was man tun kann, ist die Voraussetzungen hierfür so optimal wie möglich zu gestalten, um die Chancen auf einen Treffer so hoch wie möglich zu halten und den Kandidaten bestmöglich ins Boot zu holen.

Dieser Ratgeber soll im Großen und Ganzen einen Überblick über die Themen Aufbau einer Stellenanzeige, Optimierungsmöglichkeiten einer laufenden Anzeige, eventuelle kritische Komponenten sowie Eigendarstellung des ausschreibenden Unternehmens und auch das Vermeiden möglicher Kardinalfehler bei der Schaltung einer Stellenanzeige ermöglichen, um möglichst optimale Voraussetzungen für die schnelle und effektive Besetzung einer Vakanz noch greifbarer zu gestalten.

Meine über achtjährige Erfahrung bei einem namhaften Online-Portal hat mir gezeigt, dass nur eine ausgewogene Berücksichtigung beiderseitiger Interessen wirklich zum Erfolg führen kann und für alle die zufriedenstellende Besetzung einer vakanten Position bewirkt. Die Stellenanzeige ist gerade in der heutigen Zeit für viele ein nicht zu unterschätzendes Instrument für diesen Prozess. Nachdem ich den Bereich Anzeigenoptimierung über Jahre hinweg teilweise alleine betreut und die direkte Resonanz sowohl vom Endkunden als auch aus den Reihen der Verkäufer erhalten habe, hat sich klar herausgestellt, wie hoch der Bedarf in diesem Bereich ist und wie effektiv eine vermeintlich kleine Korrektur der Anzeigen an den richtigen Stellen, vor allem im SEO-technischen Bereich, sein kann. Vor allem die Gestaltung des Stellentitels wird im Rahmen der Anzeigenschaltung häufig unterschätzt und kann durch Umstellung oder Ergänzung vielfach zur Verbesserung des Rücklaufs passender Kandidaten beitragen.

Wenn man bedenkt, was die Schaltung einer Stellenanzeige kostet, ist es nicht selten sinnvoll, sowohl vor als auch während der Laufzeit sämtliche Kriterien der Anzeige zu beleuchten und notfalls noch ein paar Feinjustierungen vorzunehmen, um doch noch die passenden Kandidaten anzusprechen. Hier ist zu erwähnen, dass diese Vorgaben vor allem für die Suche nach Fach- und Führungskräften gelten. Für sogenannte Blue-Collar Anzeigen sowie Ausbildungs- und Praktikantenstellen genügen Basisangaben, da diese anders gefunden und gehandelt werden als die vorab genannten White-Collar-Anzeigen.

Aus Gründen der besseren Lesbarkeit wird in diesem Buch überwiegend das generische Maskulinum verwendet. Dies impliziert immer beide Formen, schließt also die weibliche Form mit ein.

▶   **Hinweis** Achtung, sämtliche in diesem Buch genannten Punkte stellen ausdrücklich keine Rechtsberatung dar, sondern dienen lediglich der allgemeinen Information. Falls Sie konkreten rechtlichen Beistand benötigen empfehle ich Ihnen, sich direkt mit einem Anwalt in Verbindung zu setzen.

Sonja Koopmann-Wischhoff
Essen, Deutschland

Inhaltsverzeichnis

Vorab: Das Besondere an Online-Stellenanzeigen

1

1.1 Unterschied Online-Stellenanzeige/Printanzeige und dessen Auswirkung

Für viele ist die Tageszeitung nach wie vor nicht aus dem Alltag wegzudenken. Ob in Papierform oder als E-Paper: Man schlägt sie auf oder blättert virtuell um und hat alle Informationen auf einen Blick parat. Dies gilt für politische wie auch gesellschaftliche Informationen genauso wie für die typische Stellenanzeige in der Zeitung. Dazu kommt, dass hier immer noch das Thema Kosten pro Zeile, Millimeter oder Buchstabe eine Rolle spielt, es ist also allein schon aus wirtschaftlicher Hinsicht unbedingt sinnvoll, sich hier möglichst kurz zu fassen und die Anzeige auf das absolute Minimum einzugrenzen. Im Normalfall bringt dies auch den gewünschten Erfolg, alles Weitere kann in einem persönlichen Gespräch erläutert werden. Es ist also absolut verständlich, dass diese Vorgehensweise in vielen Köpfen nach wie vor verankert ist und daher nicht selten auch in den Online-Stellenanzeigen zum Einsatz kommt.

Was hier jedoch den Unterschied ausmacht, ist vor allem die unterschiedliche Auffindbarkeit der Anzeige. Während eine Printanzeige auf den ersten Blick komplett für den Leser sichtbar ist, muss der potenzielle Kandidat bei der Online-Suche zuerst einen oder mehrere Suchbegriffe eingeben, woraufhin er im Normalfall erst einmal eine Liste von möglichen Stellentiteln und ggf. noch ein oder zwei einleitende Worte hierzu vorfindet. Aus dieser Liste muss er lediglich anhand der Titel entscheiden, welche Anzeige er aufruft und genauer durchliest. Die zentrale Frage hierbei ist: Warum sollte er sich genau Ihre Anzeige ansehen? Ist der Titel irreführend, nicht aussagekräftig genug oder aus anderen Gründen nicht interessant für den Lesenden, wird er sich mit hoher Wahrscheinlichkeit

1

andere Anzeigen durchlesen und sich im für Sie schlechtesten Fall spontan bei einem oder mehreren ebenfalls ausschreibenden Unternehmen bewerben, ohne Ihre Anzeige auch nur beachtet zu haben. Es gilt also, den Titel so zu gestalten, dass der Kandidat Ihre Anzeige für interessant genug erachtet, diese auch im Idealfall als eine der ersten näher zu betrachten (s. Abschn. 2.2).

Dies gilt ebenfalls für firmeninterne Begriffe, die bei einer internen Ausschreibung als sogenannte Arbeitstitel verwendet werden. Werden diese Ausdrücke von bereits bekannten Mitarbeitern aufgegriffen und weiterverwendet, bedeutet dies noch lange nicht, dass sie auch bei einer externen Ausschreibung im Suchfeld eingegeben werden. Man sollte sich also genau überlegen, wie man selbst vorgehen würde, um eine Suche nach einem neuen Arbeitsplatz zu starten.

Würde man beispielsweise eher den Begriff **Database Engineer** eingeben oder doch auf den **Fachinformatiker/Administrator für Systemintegration** zurückgreifen?

Ein weiteres Beispiel für einen typischen Arbeitstitel stellt der **IT-Generalist** dar. Sind hierbei zudem noch oberflächliche Punkte wie **Master- bzw. Diplomabschluss mit adäquater beruflicher Erfahrung oder vergleichbaren Kenntnissen und Fähigkeiten** und/oder **nachweisbare Berufserfahrung in entsprechenden Fachaufgaben** als Anforderungsprofil angegeben, entbehrt diese Darstellung jeglicher suchbaren Fachbegriffe und lässt die Anzeige in der Ergebnisliste automatisch weiter nach unten rutschen. Werden dagegen jedoch Suchbegriffe verwendet, zu denen beispielsweise auch der eigene Ausbildungs- oder Studiengang gehören kann (beispielsweise Fachinformatiker oder IT-Systemelektroniker), wird die entsprechende Anzeige vermutlich höher in der Ansicht gerankt werden.

Über all diese Punkte muss sich der Recruiter bei der Printanzeige keine Gedanken machen: Ist der Stellentitel einmal missverständlich oder zu wenig aussagekräftig formuliert, folgt in den nächsten Zeilen auf einen Blick bereits die Auflösung und der oder diejenige kann im Handumdrehen entscheiden, ob eine Bewerbung hier lohnenswert erscheint oder nicht.

An dieser Stelle ist eines jedoch nicht aus den Augen zu verlieren, nämlich der Wandel, der sich innerhalb der letzten Jahre gerade in diesem Bereich vollzogen hat. War der Anzeigenteil in der Zeitung vor einigen Jahren noch viele Seiten stark, beschränkt sich die Auswahl an Stellenanzeigen in der berühmten Tageszeitung mittlerweile auf einen Bruchteil dessen und macht oft lediglich noch eine halbe Seite aus. Hier zeigt sich am deutlichsten, in welchem Ausmaß bei den Lesern ein Umdenken stattgefunden hat. Die Frage ist also: Bestehe ich wirklich auf die Einfachheit der Printanzeige oder setze ich auf die wesentlich höhere Zielgruppenansprache der Online-Stellenanzeige und muss hier eben inhaltlich etwas mehr Aufwand betreiben, erreiche jedoch im Umkehrschluss langfristig die passenderen Leute?

Fazit Online-Stellenanzeigen
Im Gegensatz zur Printanzeige ist es bei der Online-Stellenanzeige unverzichtbar, möglichst viele suchbare Begriffe (Keywords) zu verwenden, um die Auffindbarkeit und Klarheit der Anzeige zu gewährleisten. Auch muss hier nicht aus Kostengründen darauf geachtet werden, möglichst wenige Zeichen zu verwenden bzw. den Umfang der Anzeige zu begrenzen, da beim Online-Inserat lediglich die Kosten für die komplette Anzeige berechnet werden, ohne auf den Umfang zu achten. Es ist also unbedingt empfehlenswert, die Position hier in Titel und Text so aussagekräftig und informativ wie möglich zu formulieren, damit sich der Kandidat letztendlich aus eigener Überzeugung heraus eine Bewerbung abschickt.

1.2   Search Engine Optimization (SEO) – Auswirkungen und Nutzen für Ihr Recruiting

Ein weiterer relevanter Punkt für den Erfolg Ihrer Anzeige, der die Online- von der Printanzeige unterscheidet, ist die Suchmaschinenoptimierung (SEO). Diese ist heutzutage mindestens genauso wichtig wie für die Auffindbarkeit einer Homepage und findet in sämtlichen Teilen der Anzeige Anwendung. In diesem Zusammenhang stellt jedes Wort des Anzeigentextes einen Suchbegriff dar, jedoch ist der Titel auch hier extra hervorzuheben, da dieser noch einen besonderen Teil der Auffindbarkeit der Anzeige ausmacht.

Doch was genau bedeutet eigentlich Suchmaschinenoptimierung?
Im Gegensatz zum Search Engine Advertising (SEA), also der Verwendung gezielter bezahlter Suchmaschinenwerbung für die Optimierung relevanter Suchanfragen, steht der Begriff Search Engine Optimization (SEO) für nicht bezahlte Optimierung von Suchanfragen durch die Verwendung vorab fest definierter Suchbegriffe. Diese Form der Suchmaschinenoptimierung sorgt für eine positivere Auffindbarkeit und Positionierung der Anzeige, indem sie durch einen bestimmten Suchalgorithmus die besseren Suchergebnisse definiert sowie durch eine möglichst hohe Dichte von sogenannten Keywords die Relevanz der jeweiligen Anzeige definiert. Der übergeordnete Begriff, welcher beide Varianten

beinhaltet, lautet Search Engine Marketing (SEM) und entspricht der Verknüpfung beider Maßnahmen mit dem Ziel der erfolgreichen suchmaschinentechnischen Vermarktung.

Die Anwendung von SEO bedeutet also, dass sowohl der Titel als auch der Text möglichst viele suchbare Begriffe enthalten sollte, bei denen davon ausgegangen werden kann, dass der Kandidat diese bei seiner Jobsuche verwenden könnte. Auch aus diesem Grunde ist es absolut angeraten, im Anzeigentext nicht mit Worten zu sparen, sondern gerade in den Bereichen Aufgaben, gewünschte Ausbildung, weitere Qualifikationen, Berufserfahrung o. ä. so viele relevante Fachbegriffe wie möglich unterzubringen. Es ist leichter, den Kreis der potenziellen Bewerber mit weiterreichenden Bezeichnungen etwas größer zu gestalten und im Nachhinein aus dem Fundus an Bewerbern die passenden herauszufiltern, als die Kriterien zu eng zu fassen und eventuell passende Kandidaten nicht mit anzusprechen.

Fazit Suchmaschinenoptimierung
Mit dem Aufkommen des digitalen Zeitalters hat auch die Suchmaschinenoptimierung (SEO) immer mehr an Bedeutung gewonnen. Die Relevanz von ausreichenden Suchbegriffen für die Auffindbarkeit und das Online-Ranking einer Seite stellt bei Webseiten von Unternehmen bereits eine tägliche Herausforderung dar, betrifft jedoch ebenso den Erfolg einer Online-Stellenanzeige. Auch hier kann sich nur dann der gewünschte Traffic einstellen, wenn die Anzeige möglichst viele sogenannte Keywords enthält, die potenzielle Kandidaten bei der Suche nach einer geeigneten Stelle im entsprechenden Fenster eingeben.

Aufbau und Gestaltung einer Anzeige für eine möglichst hohe Aufmerksamkeit

2

In diesem Kapitel wird beispielhaft dargestellt, wie der möglichst optimale Aufbau einer Stellenanzeige aussehen kann und welche Komponenten hierbei eine essenzielle Rolle spielen. Eine passend gegliederte Online-Stellenanzeige enthält neben der Firmenvorstellung einen Einleitungssatz über dem Stellentitel, den Titel selber, eine Aufstellung der ihn zu erwartenden Aufgaben, das entsprechende Anforderungsprofil, individuelle Benefits des ausschreibenden Unternehmens sowie eine persönliche Abschlussformel und final die Kontaktmöglichkeit. Eine Einhaltung der Reihenfolge ist hierbei ebenfalls relevant, um dem Kandidaten die Möglichkeit zu geben, sich ausreichend mit der ausgeschriebenen Stelle zu identifizieren.

2.1 Musterbeispiel für eine optimierte Stellenanzeige

Hierbei handelt es sich um eine Musteranzeige, die auf dem Arbeitsmarkt häufig verwendete Kriterien enthält. Es soll anhand dieses Beispiels dargestellt werden, wie eine aussagekräftige und möglichst effiziente Stellenanzeige aufgebaut werden kann. Eine genauere Vorstellung und Erläuterung der einzelnen Komponenten finden Sie in den nachfolgenden Kapiteln.

> **Beispiel**
>
> Die Firma **Mustermax GmbH** ist ein inhabergeführtes Unternehmen und bearbeitet seit über 40 Jahren Projekte im kommunalen Tief- und Straßenbau,

© Der/die Autor(en), exklusiv lizenziert durch
Springer Fachmedien Wiesbaden GmbH, ein Teil von Springer Nature 2020
S. Koopmann-Wischhoff, *Optimierung von Online-Stellenanzeigen*, essentials,
https://doi.org/10.1007/978-3-658-31975-5_2

Leitungsbau, Wasserbau und der Betoninstandsetzung. Wir wachsen stetig weiter und sind mittlerweile an 4 Standorten in Baden-Württemberg und Hessen vertreten.

Unseren Erfolg verdanken wir nicht zuletzt unseren ca. 40 qualifizierten Mitarbeiter*innen, die sich gemeinsam mit uns stetig weiterentwickeln und in hervorragender Teamarbeit die täglichen Herausforderungen meistern.

Neue Herausforderungen umzusetzen ist unsere Stärke. Das erfahrene Team von Ingenieuren, Planern und Technikern entwickelt spezifische Lösungen für Projekte im genannten Bereich. Von der Beratung und Ausarbeitung von Lösungsvorschlägen bis zur Erstellung aller erforderlichen Ausführungsunterlagen decken wir sämtliche Engineering-Aufgaben ab.

Zur Verstärkung unseres Teams in unserer Zentrale in Pforzheim suchen wir zum nächstmöglichen Zeitpunkt in unbefristeter Festanstellung Vollzeit eine/n

Bauingenieur/Techniker Tief- und Straßenbau als Bauleiter (m/w/d)

IHRE AUFGABEN

- Schwerpunkt Überwachung der Bauausführung hinsichtlich Qualität und Termintreue
- Kostenüberwachung und Kostenfortschreibung
- Ansprechpartner für unsere Auftraggeber und alle Projektbeteiligten
- Koordination der Versorger und anderer Planungsbeteiligter

DAS BRINGEN SIE MIT/IHR PROFIL

- Abgeschlossenes Studium im Bereich Bauingenieurwesen oder erfolgreich abgeschlossene Ausbildung als Bautechniker oder Straßenbauer bzw. ähnliche Qualifikation mit entsprechendem Fachwissen
- Mindestens 2–3-jährige Berufserfahrung im genannten Bereich
- Entsprechende mehrjährige Berufspraxis in der Bauleitung von Projekten im Straßen- und Kanalbau
- Gelegentliche Reisebereitschaft (ca. 4–5 Mal im Jahr für jeweils ca. eine Woche)
- Verhandlungssichere Deutsch- und Englischkenntnisse in Wort und Schrift
- Selbstständige, zielorientierte und eigenverantwortliche Arbeitsweise
- Gute Kenntnisse in MS Office und gängiger Abrechnungssoftware

WIR BIETEN IHNEN

- Über 40 Jahre Erfahrung und entsprechendes fachliches Know-how
- Abwechslungsreiche Projekte und viele langjährige Bestandskunden
- Modernste Arbeitstechniken in einer modernen Arbeitsumgebung
- Attraktive Vergütung gemessen an Ihrer Berufserfahrung inkl. 13. Monatsgehalt
- Überzeugendes Sozialpaket, wie z. B. betriebliche Altersvorsorge, Jahressonderzahlungen, VWL, Fitnessangebote, frisches Obst und freie Getränke, Firmenfestlichkeiten
- Umzugshilfe bei Bedarf
- Firmenparkplätze, gute Anbindung an den öffentlichen Nahverkehr

KONTAKT

Haben wir Ihr Interesse geweckt? Dann freuen wir uns über Ihre Bewerbung inkl. Anschreiben, Gehaltswunsch, Zeugnissen und nächstmöglichem Eintrittstermin **bevorzugt per E-Mail** an:

Mustermax Gmbh
Personalabteilung
Mustergartenstraße 17,
11111 Musterort
T + 49 XXXX – XXXXXXXX
mirkomustermix@mustermax.com
www.mustermax.com

Für weitere Informationen steht Ihnen Herr Mustermix gerne vorab telefonisch zur Verfügung.◄

2.2 Der passende Stellentitel: Möglichst kurz und trotzdem informativ

Der Titel einer Stellenanzeige ist einer der entscheidenden Faktoren, der darüber entscheidet, wie schnell und zielsicher Ihre Anzeige gefunden wird. Er sollte daher so aussagekräftig wie möglich formuliert werden, um nicht nur den Anforderungen der Auffindbarkeit zu entsprechen, sondern auch klar und interessant genug zu erscheinen, um die Anzeige im nächsten Schritt auch zu lesen.

Wichtig ist, dass der Titel vor allem die Aufgabenstellung sowie den entsprechenden Fachbereich beschreibt. Viele Kandidaten geben bei der Jobsuche ihren direkten Ausbildungsberuf bzw. Studienabschluss ein, es ist also sinnvoll, diesen wenn möglich zusätzlich noch zu benennen. Ziel der Titelgestaltung ist es, ein Match zwischen dem Suchenden und der zu besetzenden Position zu erreichen, hierbei haben sich Begriffe wie **Profi**, **Experte**, **Specialist**, **Allrounder** & Co. als eher kontraproduktiv herausgestellt. Diese nicht zu unterschätzenden Eigenschaften sind ein Glücksfall für jeden Recruiter bzw. Chef, sollten jedoch möglichst entweder im weiteren Anzeigentext oder noch besser in einer ersten persönlichen oder telefonischen Kontaktaufnahme verwendet werden. Vielmehr sollten bei der Titelfindung auf den ersten Blick neben dem Aufgabengebiet und der Branche auch das entsprechende Fachgebiet ersichtlich sein, da der Kandidat normalerweise innerhalb von ein paar Augenblicken entscheidet, ob er sich die entsprechende Anzeige näher anschaut oder nicht.

Beispiel 1: Stellentitel Sachbearbeiter

In diesem fiktiven Beispiel soll eine Sachbearbeiterstelle im Bereich Anlagenbau besetzt werden. Eine Ausschreibung für eine einfache Sachbearbeiterstelle wirkt zunächst einmal einleuchtend, beinhaltet jedoch auf den zweiten Blick die Tücke, dass es von dieser Sorte Tausende auf dem Arbeitsmarkt gibt. Diese können in den Schwerpunkten Einkauf, Verkauf, Legal, Personal, Buchhaltung oder auch vielen weiteren Thematiken zu finden sein. Im Normalfall hat sich ein Personalsachbearbeiter beispielsweise konkret auf diesen Bereich spezialisiert und nicht die Absicht, sich aus dieser Komfortzone heraus zu bewegen. Er wird sich also konkret auf die Suche nach Stellen im Personalbereich begeben und hat mit Sicherheit nicht die Zeit und Muße, sich durch einen Wust anderer Anzeigen hindurch zu lesen. Gleiches gilt für Kandidaten aus den anderen Bereichen. Es ist also mehr als sinnvoll, den Titel so zu benennen, dass der Kandidat im Suchergebnis direkt aus dem Titel ersehen kann, welche Anzeigen für Ihn passend erscheinen und welche nicht. Er wird sich umso lieber dem weiteren Inhalt der Anzeige widmen und sich im Idealfall mit einem noch positiveren Gefühl bei Ihnen bewerben.

Ein passender Titel für eine Anzeige im Bereich Einkauf könnte also wie folgt aussehen:

Sachbearbeiter Einkauf/Disposition (m/w/d) im Bereich Anlagenbau

Zudem ist der Begriff Sachbearbeiter aus suchmaschinentechnischen Gründen dem Begriff Mitarbeiter grundsätzlich vorzuziehen.◄

Beispiel 2: Stellentitel

Ähnlich verhält es sich im Ingenieurbereich. Auch hier sind die Fachgebiete und Arbeitsbereiche vielseitig und bedürfen bereits im Titel besonderer Erwähnung. Ein Bauleiter oder Projektleiter allein taucht zwar vielfach in den Ergebnislisten auf, wird jedoch nur schwerlich wirklich zum Erfolg führen, da auch hier wieder die Frage auftaucht, hinter welchem dieser Titel sich wirklich das befindet, was der Kandidat sucht. Ein Bauingenieur im Bereich Kanalbau mit den Schwerpunkt Straßenbau und Abwasser wird sicherlich nicht glücklich, wenn er eine Anzeige nach der anderen mit der Fachrichtung Verkehrstechnik oder Grünflächen durchforsten muss. Jemand, der im Hochbau tätig ist, möchte ebenso wenig diverse Anzeigen im Bereich Tiefbau durcharbeiten wie ein Garten-und Landschaftsbauer, der mit Stellen als Statiker auseinandersetzen muss.

Hier könnte ein zielgerichteter Titel wie folgt aussehen:

Bauingenieur/Kanalbauer als Bauleiter (m/w/d) Straßenbau und Abwassertechnik

Selbstverständlich ist und bleibt das ausschreibende Unternehmen der Experte für die auszuschreibende Stelle. Es gibt dermaßen viele Varianten und Möglichkeiten für die Gestaltung einer Vakanz, dass es nicht möglich ist, hier wirklich alle Teilbereiche abzubilden.◄

Das sollten Sie vermeiden

Versalien werden häufig verwendet, um den Titel aus der Masse herausstechen zu lassen. Sie wirken jedoch auch unruhig und unübersichtlich und können im ungünstigsten Fall für eine Verfälschung des Suchergebnisses sorgen. Es wird daher im Zweifelsfall empfohlen, auf die herkömmliche Groß- und Kleinschreibung zurückzugreifen und den Anzeigentitel durch Klarheit und Aussagekraft interessant genug zu gestalten.

Auch Füllwörter wie Ortsangaben, Softskills wie *engagiert, teamfähig, erfahren* etc., Firmen- oder Abteilungsnamen, die Anzahl der gesuchten Mitarbeiter blähen den Titel unnötig auf, lassen ihn unübersichtlich erscheinen und können sich zudem nachteilig auf die Auffindbarkeit und Klarheit der Anzeige auswirken.

In vielen Familienbetrieben kommt es nicht selten vor, dass ein Mitarbeiter nicht nur eine Stelle verantwortet, sondern verschiedene Bereiche managed, sozusagen die gute Seele des Unternehmens darstellt. Scheidet ein solcher Teil des Unternehmens zum Beispiel aus Altersgründen aus, hinterlässt er oder sie eine Lücke, die nicht einfach wieder zu schließen ist. Hier besteht die besondere Herausforderung darin, die Stelle im Allgemeinen und den Titel im Besonderen so vielseitig auszuschreiben, dass die einzelnen Fachbereiche möglichst zielgerichtet hervorgehoben werden, ohne dass die Anzeige den Charakter einer sogenannten Sammelanzeige erhält (s. Abschn. 3.11). Es kann sonst vorkommen, dass Auffindbarkeit und Klarheit der Anzeige leiden und Kandidaten mit einer Spezialisierung auf einen bestimmten Bereich wie Einkauf, Vertrieb, Buchhaltung, IT etc. nicht mehr wirklich wissen, ob sie den gewünschten Ansprüchen nun genügen oder nicht. Es ist daher empfehlenswert, sich konkret auf einen zentralen Fachbereich zu konzentrieren und die weiteren Skills beispielsweise als wünschenswert hinzuzufügen.

> **Fazit Stellentitel**
> Ein Stellentitel sollte so kurz wie möglich, aber so aussagekräftig wie nötig die relevanten Informationen beinhalten, die ein Kandidat benötigt, um aus einer ersten bloßen Auflistung von Titeln die für ihn interessanten Anzeigen herauszufiltern. Auf die Verwendung von firmeninternen Arbeitstiteln oder auch allgemeinen Bezeichnungen wie *Allrounder, Specialist, Mitarbeiter, Alleskönner* etc. sollte aus diesem Grund verzichtet werden. Im Idealfall können hier mögliche Ausbildungs- bzw. Studienabschlüsse sowie einzelne Bereiche und Branchenbezeichnungen genannt werden, da diese häufig als Begriff im Suchfeld eingegeben werden.

2.3 Unternehmensvorstellung, Einleitung und weitere relevante Informationen

Die erste wichtige Hürde ist genommen: Ein potenzieller Kandidat hat sich im Titel einer Anzeige wiedergefunden und diese geöffnet. Doch wie geht es im Idealfall weiter? Der Aufbau einer Anzeige sollte idealerweise so gestaltet werden, dass der Kandidat auf den ersten Blick erkennen kann, worum es geht und mit wem er es zu tun hat. Je besser er sich von den ersten Worten an abgeholt fühlt, desto geneigter ist er in der Regel auch, hier weiter zu lesen und im Idealfall final am unteren Ende der Anzeige den **Jetzt-Bewerben-Button** zu betätigen.

Ein erster Schritt besteht daher darin, sich in einem kurzen, wenige Sätze umfassenden Abschnitt kurz vorzustellen, der Punkte wie Branche, Region, Gründung, Anzahl der Mitarbeiter, Form der Dienstleistung, kurze Übersicht über das Produktportfolio, Kunden- bzw. Mandantenkreis etc. enthält. Der Kandidat weiß nun grob, mit wem er es zu tun hat und kann sich in Ruhe mit dem weiteren Text der Anzeige befassen, ohne zunächst umständlich weitere Informationen über das Unternehmen und dessen Umfeld googlen zu müssen.

Auch der einleitende Satz über dem Stellentitel spielt eine nicht unwichtige Rolle, wenn es darum geht, den Kandidaten zum Weiterlesen zu bewegen. Beispielsweise ist gerade in der heutigen Zeit kaum etwas so wertvoll wie eine Stelle ohne Befristung. Ist dies bei der ausgeschriebenen Position der Fall, bedeutet dies für den Kandidaten eine gewisse Planungssicherheit und schürt zudem auf den ersten Blick das Wir-Gefühl. Dies bietet die ideale Plattform und sollte daher dringend im Einleitungssatz erwähnt werden.

Der ungefähre Standort ist ebenfalls ein wichtiges Thema, da Pendeln nicht unbedingt zu der Lieblingsbeschäftigung aktuell suchender Kandidaten gehört. Handelt es sich zudem noch um einen kleinen Ort, von dem der- oder diejenige noch nichts gehört hat, kühlt das Interesse schnell mal ab und kann im Nachhinein, wenn überhaupt, schwer wieder geweckt werden. Es empfiehlt sich daher, dem Ortsnamen noch eine größere und bekanntere Stadt im Umkreis von 50 km hinzuzufügen, zumal in der Ergebnisliste zuerst die Anzeigen mit dem gesuchten Arbeitsort aufgelistet werden. Darunter erscheinen die Anzeigen, die ebenfalls im Radius von 50 km zu finden sind.

Zu guter Letzt sollte im Einleitungssatz außerdem noch einmal das Teamgefühl gestärkt werden, um den Kandidaten frühzeitig für sich zu gewinnen. Selbstverständlich ist hier auch der Termin des frühestmöglichen Eintritts nicht zu vernachlässigen. Fasst man all diese Faktoren zusammen könnte dieser Satz beispielsweise wie folgt lauten:

> **Beispiel: Möglichst ausführliche Erläuterung von positiven Elementen im Einleitungssatz**
>
> Zur Verstärkung unseres Konstrukteurteams am Standort Unna im Großraum Dortmund suchen wir zum nächstmöglichen Zeitpunkt in unbefristeter Festanstellung eine/n...◄

Die weiteren Punkte bezeichnen klassisch den Stellentitel, die Aufgaben, das Anforderungsprofil, besondere Benefits und schließlich den Abschlusssatz. Hierbei kommt es vor allem darauf an, den Kandidaten letztendlich abzuholen und möglichst in Richtung Bewerbung zu geleiten. Zu diesem Zweck sollte an dieser Stelle auf weitere Anforderungen verzichtet und stattdessen eine persönliche Abschlussformel verwendet werden, um den bislang interessierten Kandidaten nicht noch einmal ins Wanken zu bringen.

Diese kann wie folgt lauten:

> **Beispiel: Persönliche und verbindliche Ansprache im Abschlusssatz**
>
> Haben wir Ihr Interesse geweckt? Dann freuen wir uns über Ihre Bewerbung inkl. Anschreiben, Zeugnissen und nächstmöglichem Eintrittstermin **bevorzugt per E-Mail** an:
> (Dieser Zusatz wird empfohlen, da viele Kandidaten sonst den Eindruck gewinnen könnten, eine Bewerbung per Post könnte bevorzugt werden. Es kann vorkommen, dass eigentlich passende Kandidaten den Aufwand einer Bewerbungsmappe scheuen und aus diesem Grunde von einer Bewerbung absehen könnten).◄

Ausführliche Kontaktangabe für eine zielgenaue Recherchemöglichkeit
Zusätzlich kann ein Unternehmen noch mit der Angabe eines konkreten Ansprechpartners mit Telefonnummer punkten, um dem Wunschkandidaten die Kontaktaufnahme für eventuelle Rückfragen zu erleichtern. Die Angabe eines Kontaktblocks mit vollständiger Adresse zur Recherche des Arbeitswegs sowie des Umfelds kann den positiven ersten Eindruck des Bewerbers zudem noch abrunden.

2.4 Aufgabengebiet, Profil und Benefits als Kern der Anzeige

Um die Anzeige möglichst übersichtlich und lesbar zu gestalten, wird empfohlen, die Bereiche **Aufgabengebiet, Anforderungsprofil und Benefits/Wir bieten** jeweils in Form von max. 8–10 Bulletpoints darzulegen. Hier sollte möglichst auf die Verwendung von langen Sätzen oder Fließtext verzichtet werden, um dem Kandidaten den Abgleich der eigenen Skills und Anforderungen an einen möglichen Arbeitgeber mit den einzelnen Komponenten der Stellenbeschreibung zu erleichtern.

Hintergrund: Ein Kandidat entscheidet normalerweise innerhalb der ersten Sekunden, ob eine Anzeige interessant oder ansprechend genug dargestellt ist, um diese weiter zu studieren. Wird er beim Aufrufen der Seite von einem Block Fließtext regelrecht erschlagen (so informativ und interessant der Inhalt auch geschrieben sein mag), wird er die Anzeige mit hoher Wahrscheinlichkeit sofort wieder schließen und sich dem nächsten Inserat zuwenden. Dies hat zusätzlich den Effekt, dass die Anzeige in der Statistik zwar hohe Klickzahlen mitbringt, diese aber nichts aussagen, da der Inhalt nicht den gewünschten Erfolgt gebracht hat.

Findet der Suchende die Angaben jedoch übersichtlich gegliedert vor, hat er die Möglichkeit, für sich selbst die entsprechenden Punkte abzuhaken und bei entsprechender Übereinstimmung im Idealfall mit positivem Gefühl eine Bewerbung abzusenden.

2.4.1 Aufgabengebiet

Die Benennung des **Aufgabengebiets** liegt generell im Ermessen des Arbeitgebers, er weiß am besten, was im eigenen Unternehmen gewünscht ist. Dieser sollte in Form von ca. 5–8 Stichpunkten möglichst konkret dargestellt und so formuliert werden, dass Missverständnisse möglichst ausgeschlossen sind.

2.4.2 Profil

Ist es für ein Unternehmen notwendig, eine vakante Position zu besetzen, gilt es vorab, die Anforderungen festzulegen und in der Anzeige klar darzustellen, welche Personengruppe für diese Stelle konkret geeignet ist. Aufgrund dieser Faktoren ist das Anforderungsprofil zu erstellen, welches im Bereich **Ihr Profil** die genauen Eckdaten für den Kandidaten liefern soll. Auch hier ist wieder darauf zu achten, möglichst viele suchmaschinenrelevante Begriffe für die Auffindbarkeit und Klarheit der Anzeige zu verwenden. Zuerst einmal ist hier grob zwischen Blue und White Collar zu unterscheiden. Während Blue Collar den Bereich der ungelernten Hilfskräfte umschreibt und daher ohne die Angabe gewünschter Ausbildungs- bzw. Studienabschlüsse auskommt, bezeichnet der Begriff White Collar die Ebene der gelernten Fach- und Führungskräfte. In diesem Segment ist die Auflistung infrage kommender Ausbildungsrichtungen oder gefragter Studiengänge ein unverzichtbarer Bestandteil des Anzeigentextes, um dem potenziellen Bewerber eine genaue Identifizierung der Stelle zu ermöglichen und zudem eine zutreffende Kategorisierung in die entsprechenden Fachbereiche zuzulassen.

Das Anforderungsprofil sollte einerseits konkret genug formuliert werden, um den Kandidaten die Möglichkeit zu bieten, sich in den einzelnen Punkten wiederzufinden, andererseits allerdings auch entsprechende Alternativen aufzeigen, um eine möglichst breite und passende Menge an potenziellen Kandidaten zu erreichen. Die einzelnen Punkte sollten der Relevanz nach geordnet werden, um eine schrittweise Identifikation passender Bewerber mit der Stelle und ihren einzelnen Vorgaben zu erleichtern.

Um das Profil nicht zu sehr aufzublähen sowie eine gewisse Übersichtlichkeit zu erhalten, sollte auf allgegenwärtige Softskills wie *engagierte, motivierte und aufgeschlossene Persönlichkeit, ein gepflegtes Erscheinungsbild, Teamfähigkeit, Belastbarkeit, Begeisterungsfähigkeit* oder ähnliches verzichtet werden. Diese Eigenschaften können zuerst einmal als selbstverständlich vorausgesetzt werden. Im Idealfall lässt sich nach Eingang der Bewerbung problemlos selektieren, wer im weiteren Verlauf zum Unternehmen passt und wer nicht. Zudem sind solcherlei Anforderungen weder suchmaschinenrelevant noch wirklich ausschlaggebend, wenn es um die fachliche Qualifikation eines Bewerbers geht.

In der Aufzählung der relevanten Hard Skills sollte zuallererst die gewünschte Ausbildungs- bzw. Studienrichtung genannt werden. Hier ist zusätzlich die Frage, welche Alternativen es ggf. gibt und ob bzw. inwiefern Quereinsteiger aus anderen Bereichen mit den entsprechenden Fähigkeiten infrage kommen. Sind diese Faktoren enthalten, haben Sie im Bereich Suchmaschinenoptimierung bereits einen großen Teil abgedeckt, da viele Kandidaten bei der Suche nach Stellenanzeigen nach wie vor ihren Ausbildungsberuf eingeben.

Als zweiter Punkt sollte die gewünschte Berufserfahrung angegeben werden. Hier sind relevante Begriffe wie erste oder langjährige Berufserfahrung hilfreich, ebenso wie eine kurze Angabe wichtiger Aufgabenschwerpunkte.

Weitere gewünschte fachliche, sprachliche und persönliche Qualifikation geben einen zusätzlichen Aufschluss über den Umfang der Anforderungen an den Kandidaten. Achtung, sind sprachliche Fähigkeiten gewünscht, ist es angeraten, diese nicht nur mit *sehr gut* zu beschreiben, da diese Formulierung zu viel Interpretationsspielraum darüber lässt, in welchem Umfang diese Kenntnisse benötigt werden.

Eine gängige Formulierung sieht beispielsweise wie folgt aus: verhandlungssichere Deutsch- und Englischkenntnisse in Wort und Schrift. Sind zusätzliche, nicht ganz alltägliche Sprachkenntnisse wie Spanisch, Französisch, Polnisch o.ä. gewünscht, sollte hier genau definiert werden, ob diese sehr willkommen oder unverzichtbar notwendig sein sollen. Ist letzteres der Fall, ist es ggf. sinnvoll, dies noch zusätzlich im Titel zu erwähnen, um von vornherein die passenderen Kandidaten anzusprechen. Es besteht sonst die Gefahr, dass die Klickzahlen verfälscht werden, da die Anzeige zwar von vielen Kandidaten aufgerufen und gelesen wird, die erforderlichen Sprachkenntnisse jedoch dazu führen, dass die Anzeige an der entsprechenden Stelle panikartig wieder geschlossen wird.

Ein weiterer nicht zu unterschätzender Punkt stellt die eventuell gewünschte Reisebereitschaft dar. Diese sollte zumindest soweit erläutert werden, dass der

Bewerber einen groben Überblick darüber erhält, in welchem Umfang (Dauer, Prozent) diese gewünscht ist sowie ob es sich um In- oder Auslandsreisen handelt.

Um eventuelle Unsicherheiten aufseiten des Kandidaten zu vermeiden, wird empfohlen, Bezeichnungen wie *sehr gute, hohe/hohes Maß, starke, ausgeprägte, überdurchschnittliche, überragende* oder ähnliche etwas abzuschwächen. Auch hier kann es sonst vorkommen, dass sich eigentlich passende Kandidaten schwächer einschätzen als sie sind und aus diesem Grund von einer Bewerbung absehen. Auch hier lässt sich spätestens im Rahmen eines Vorstellunggespräches oder Telefoninterviews selektieren, wer für die Stelle geeignet ist und wer nicht.

Zwischenfazit: Ihr Profil
Vor der Beauftragung einer Anzeige sollte man sich genau im Klaren darüber sein, welche Position hier zu besetzen ist und was ein Kandidat hierfür mitbringen muss. Ist eine Ausbildung notwendig oder handelt es sich um eine sogenannte Blue-Collar-Anzeige? Möchte man einen Berufsanfänger oder eher einen alten Hasen mit entsprechender Berufserfahrung? Sind besondere Fähigkeiten gewünscht? Erst wenn dieses Anforderungsgerüst steht und klar definiert werden kann, ist es sinnvoll, die Anzeige zu veröffentlichen, um möglichst punktgenau die passenden Kandidaten ansprechen zu können. Sind die Angaben zu allgemein oder werden ganz weggelassen, besteht die Gefahr, dass sich entweder gar keine oder zu viele unqualifizierte Bewerber melden, da man sich in einem solchen Fall nie sicher sein kann, ob die eigenen Fähigkeiten für die entsprechende Stelle nun ausreichen oder nicht.

2.4.3 Benefits

Den Abschluss der drei Abschnitte im Zentrum des Anzeigentextes bietet im Idealfall eine Aufstellung der zu erwartenden **Benefits.** Diese sollten als goldener Anker dazu dienen, sich noch einmal mehr positiv darzustellen und von möglichen Mitanbietern abzuheben. Aus diesem Grunde sollte hier auf allgegenwärtige Floskeln wie *angenehmes, modernes, motivierendes Arbeitsumfeld, gute Stimmung/angenehmes Betriebsklima, anspruchsvolles Aufgabenfeld* etc. verzichtet und der Fokus auf die eigentlich herausragenden Punkte gelegt werden. Gibt es beispielsweise regelmäßige Mitarbeiterevents, Jobtickets, kostenlose feste Parkplätze, kostenfreie Getränke, Obst, Sportmöglichkeiten, Homeoffice nach Absprache, Sonderzahlungen, Möglichkeiten der Altersvorsorge etc.?

Auch hier ist es unbedingt empfohlen, in Form von Stichpunkten (Bulletpoints) zu arbeiten, da jeder einzelne Punkt sonst Gefahr läuft, im sonstigen Kontext unterzugehen.

> **Fazit Aufgabengebiet, Profil und Benefits**
> Die Bereiche Aufgaben, Anforderungsprofil und Benefits stellen das grundlegende Gerüst der Anzeige dar. Kein Kandidat wird sich bei einem Unternehmen bewerben, weil das Firmengebäude so schön oder die Produktlinie so ansprechend findet. Er möchte genau wissen, welche Tätigkeiten er ausführen und welche Anforderungen er mitbringen soll, um für sich selbst zu entscheiden, ob dies die Stelle ist, auf die er sich bewerben möchte. Aus diesem Grund ist es angeraten, diese Punkte übersichtlich und aussagekräftig, idealerweise in Form von jeweils maximal 8 Bulletpoints, darzustellen. Benefits können hier zusätzlich noch den Ausschlag geben, wenn es darum geht, sich für eine Bewerbung bei dem entsprechenden Unternehmen zu bewerben, und sollten als goldener Anker ebenfalls übersichtlich und ansprechend dargestellt werden.

2.4.4 Exkurs: Das eigene Unternehmen als attraktiven Arbeitgeber beschreiben

Bevor es darum geht, sich nach außen hin als attraktiven Arbeitgeber darzustellen, gilt es erst einmal, diesen Punkt überhaupt zu definieren. Was macht heutzutage einen attraktiven Arbeitgeber aus? Es gibt im Internet viele Möglichkeiten, sich einen Überblick darüber zu verschaffen, wie derzeitige oder ehemalige Mitarbeiter das Unternehmen bewerten. Diese Angaben sind jedoch oft subjektiver Natur und enthalten selten wirklich unabhängige Aspekte.

Doch was erwarten Interessierte wirklich von ihrem zukünftigen Unternehmen? Welche Punkte geben den Ausschlag, wenn es darum geht, latent suchende Kandidaten von einem Wechsel zu überzeugen? Gerade in schwierigen Zeiten, wie der Corona-Krise stellt es sich immer wieder heraus, dass Sicherheit hier einer der wichtigen Eckpfeiler ist, der den Ausschlag geben kann, wenn es um die Unterschrift unter dem neuen Arbeitsvertrag geht. Erfolg und Kontinuität stehen auf der Liste der Anforderungen vieler Bewerber noch weit über dem Gehaltswunsch oder den Aufstiegschancen. Einen weiteren wichtigen Punkt stellt neben der positiven Arbeitsatmosphäre vor allem auch die Flexibilität dar, besonders wenn es in derart unruhigen Zeiten darum geht, spontan für die Familie da sein zu können. Selbstverständlich darf auch das Gehalt nicht zu kurz kommen, jedoch stellen sich immer mehr Arbeitnehmer die Frage, was ihnen ein gutes Gehalt einbringt, wenn die Zusammenarbeit aus verschiedenen Gründen nicht von Dauer ist. Das Angebot von Schulungen und Weiterbildungen impliziert automatisch das Interesse an einer langfristigen Anstellung und wird daher in den meisten Fällen als positiv betrachtet. Auch ein regelmäßiger Austausch zwischen Mitarbeitern und Vorgesetzten ist ein wichtiger Faktor, um für ein positives Betriebsklima zu sorgen und das Miteinander zu fördern.

In den Zeiten des permanenten Fachkräftemangels gilt es, diese Attraktivität auch nach außen hin sichtbar zu gestalten und dies in einer Stellenanzeige möglichst so darzustellen, dass man sich von Anfang an von anderen ausschreibenden Unternehmen abheben kann. Einen relevanten Faktor stellen hier die soeben vorgestellten Benefits dar, jedoch ist es noch wesentlich früher möglich, sich als attraktiver Arbeitgeber zu zeigen und so die Aufmerksamkeit potenzieller Kandidaten für sich zu gewinnen.

Beispiel 1: Die Unternehmensvorstellung

Bezeichnet sich der Arbeitgeber als alteingesessenes Familienunternehmen oder gibt an, seit vielen Jahren erfolgreich am Markt präsent zu sein, drückt dies vor allem Beständigkeit aus. Ein Unternehmen, das bereits so lange alle Höhen und Tiefen des Geschäftslebens gemeistert und stolz seine Produkte und/oder Dienstleistung präsentiert, vermittelt ein Gefühl der Sicherheit und der eine oder der andere Kandidat wird durchaus eher geneigt sein, sich hier zu bewerben als bei einem Unternehmen, das hierzu keine Angaben macht.◄

Beispiel 2: Der Einleitungssatz

Handelt es sich bei der Stelle um eine unbefristete Festanstellung, bedeutet das von vornherein ein Gefühl von Sicherheit, das gerade heutzutage einen ganz eigenen Stellenwert genießt. Auch Begriffe wie beispielsweise *engagiertes Team* oder *Vollzeit* beinhalten auf den ersten Blick einen positiven Aspekt und sollten daher nach Möglichkeit in den Einleitungssatz über dem Stellentitel integriert werden.◄

Beispiel 3: Wir bieten/Das erwartet Sie bei uns

Neben weiteren interessanten Benefits erhält der Arbeitgeber hier die Möglichkeit, geplante Messebesuche, Fort- und Weiterbildungsmöglichkeiten, teambildende Events und weitere positive Aspekte hervorzuheben, die den Kandidaten noch zusätzlich das Gefühl von Zusammengehörigkeit und Perspektive vermitteln können. Auf diese Art und Weise kann die Attraktivität des Unternehmens noch einmal deutlich hervorgehoben werden, sodass sich der Kandidat im besten Fall entschließt, eine Bewerbung loszuschicken. ◄

Fazit Attraktiver Arbeitgeber
In der Frage, welches Unternehmen heutzutage als attraktiv für Bewerber gilt, gibt es keine wirklich einheitlichen Antworten, da sich die Bedürfnisse und Beweggründe der Bewerber aufgrund unterschiedlichster Lebensumstände doch stark voneinander differenzieren. Es gibt jedoch Faktoren, die für die Mehrheit der Bevölkerung eine größere Rolle spielen als andere. Zu diesen gehören beispielsweise finanzielle und planungstechnische Sicherheit, Familienfreundlichkeit sowie eine positive Arbeitsatmosphäre. Schafft es ein ausschreibendes Unternehmen, diese Punkte im Text einer Stellenanzeige so zu platzieren, dass sich Kandidaten gut abgeholt fühlen, kann dieses für ihn unter Umständen den letzten Impuls bedeuten, der noch notwendig war, um eine Bewerbung abzuschicken.

Optimierung von (bestehenden) Stellenanzeigen

3

Im vorherigen Kapitel haben Sie bereits wichtige Aspekte zum Aufbau und dem Schreiben einer Stellenanzeige kennengelernt. Was ist aber, wenn Sie bereits eine Stellenanzeige veröffentlicht haben, diese jedoch nicht das gewünschte Ergebnis liefert? Dann kann es sinnvoll sein, sich die bestehende Anzeige nochmal genau anzuschauen und nachzubessern – wie, das erfahren Sie in diesem Kapitel.

Beleuchtet werden hierbei neben den entsprechenden Kriterien einer Optimierung auch der beispielhafte Ablauf, die Funktion von Anzeigenstatistiken, die Schwierigkeit von Fließtext, die Relevanz der passenden Ansprache, Dos and Don'ts bei möglichen Perspektiven, die Relevanz der Beachtung AGG-kritischer Kriterien, die unterschiedlichen Auswirkungen einer englischsprachigen Anzeige, der mögliche Mehrwert eines Unternehmensvideos und final die Tücke einer Sammelanzeige.

3.1 Kriterien und Ablauf einer Anzeigenoptimierung

Klagt ein Kunde darüber, dass eine Anzeige noch nicht den richtigen Erfolg erzielt hat, weiß er selbst natürlich ganz genau, was gemeint ist. Um eine Anzeige jedoch im Hinblick auf die Ursachen zielgerichtet durchleuchten zu können, sind hier vor allem zwei Fragen von entscheidender Bedeutung:

1. Mangelt es eher an der Anzahl oder der Qualität der Bewerbungen? Sind vielleicht sogar noch überhaupt keine Bewerbungen eingegangen?
2. Liegt es an der Qualität, stellt man sich zusätzlich die Frage: Was genau fehlte den Bewerbern bzw. welche Voraussetzungen stimmen hier nicht mit den Anforderungen überein?

© Der/die Autor(en), exklusiv lizenziert durch
Springer Fachmedien Wiesbaden GmbH, ein Teil von Springer Nature 2020
S. Koopmann-Wischhoff, *Optimierung von Online-Stellenanzeigen,* essentials,
https://doi.org/10.1007/978-3-658-31975-5_3

Anhand der möglichen Antworten auf diese Fragen erhält man einen ersten Anhaltspunkt, welche Stellen der Anzeige besonders gründlich in Augenschein genommen werden sollten.

Sind diese Fragen beantwortet, kann man als nächstes damit beginnen, die Anzeige von oben bis unten konkret unter die Lupe zu nehmen.

Relevante Kriterien hierbei können sein

1. Gesamteindruck: Ist der Text zu kurz oder zu lang, zu unübersichtlich, wenig aussagekräftig, in Fließtext verfasst etc.?
2. Ist eine ausreichende Unternehmensvorstellung vorhanden?
3. Gibt es einen aussagekräftigen Einleitungssatz über dem Stellentitel?
4. Ist der Titel selbst genderneutral verfasst und zielführend formuliert?
5. Aufgabengebiet: Ist die Stelle ausreichend und unmissverständlich in kurzen Stichpunkten beschrieben, sodass sich der Kandidat ein aussagekräftiges Bild von der Tätigkeit verschaffen kann?
6. Anforderungsprofil: Sind Ausbildungsrichtung/Studium und Berufserfahrung hinreichend benannt, kommen evtl. auch Quereinsteiger mit den entsprechenden Fähigkeiten infrage? Sind ggf. weitere sprachliche, fachliche oder persönliche Qualifikationen ausreichend definiert? Ist konkrete Reisebereitschaft gewünscht? Wenn ja: wie lange, wie oft ungefähr?
7. Sind Bezeichnungen wie *sehr gute, exzellente, außergewöhnliche, hohe* etc. enthalten, welche bei potenziellen Kandidaten zu Verunsicherungen führen könnten?
8. Sind kritische Komponenten wie beispielsweise fehlende Genderneutralität, Lichtbild gewünscht, Obergrenze für Berufserfahrung oder Bezeichnungen wie junges Team, Muttersprachler etc. enthalten?
9. Enthält der Anzeigentext ausreichend Benefits, um sich von anderen ausschreibenden Unternehmen positiv zu unterscheiden?
10. Ist der Abschlusssatz persönlich und zielführend genug formuliert, um den Kandidaten optimal abzuholen?
11. Sind im Kontaktbereich der Adressblock mit Ansprechpartner und Telefonnummer für eventuelle Rückfragen bzw. zur Recherche des Arbeitswegs enthalten?

Schauen wir uns hierzu nun folgendes Beispiel genauer an, zur Verdeutlichung sind die Erläuterungen jeweils kursiv geschrieben.

3.2 Beispielhafter Ablauf einer Optimierung

Beispiel

Die Mustermixer GmbH ist ein produzierendes Unternehmen aus der Milchwirtschaft und sucht einen neuen Mitarbeiter.

Der einleitende Bereich bietet Raum für eine kurze, aber prägnante Vorstellung des Unternehmens. Hier können beispielsweise neben der Branche auch Produkte bzw. Dienstleistungen, Mitarbeiterzahlen, Alter des Unternehmens, Hinweise auf ein etwaiges Familienunternehmen oder auch eine kurze Beschreibung der Region genannt werden, um dem Bewerber ein erstes Bild über das ausschreibende Unternehmen zu vermitteln.

Beispiel: Die Mustermixer GmbH ist ein traditionsreiches Familienunternehmen auf dem Gebiet der Milchwirtschaft und seit über 60 Jahren erfolgreich am Markt tätig. Mittlerweile zählen wir über 250 Mitarbeiter und bieten neben konventionellen Milchprodukten auch einen Partyservice sowie beratende Tätigkeiten an.

Auch auf den einleitenden Satz über dem Stellentitel sollte an dieser Stelle nicht verzichtet werden.

Beispiel: Zur Verstärkung unseres eingespielten Teams am Standort Göttingen im Großraum Kassel suchen wir zum nächstmöglichen Zeitpunkt in unbefristeter Festanstellung Vollzeit eine/n
Mitarbeiter Qualitätsmanagement (m/w)
Dieser Titel gibt nicht einmal im Ansatz wieder, welche Aufgaben und Funktionen im Rahmen der Tätigkeit wirklich auf den potenziellen Bewerber warten. Dies birgt schnell das Risiko, dass die Anzeige zwar geöffnet wird, der Kandidat jedoch vor den angegebenen Aufgaben und Anforderungen zurückschreckt und sich stattdessen einer anderen Stellenbeschreibung zuwendet. Ist eine Anzeige wieder geschlossen, bleibt sie dies in der Regel auch. Hier gibt es, ähnlich wie in anderen Situationen, normalerweise keine zweite Chance für den ersten Eindruck.

Im Hinblick auf die zu erwartenden Arbeitsinhalte sowie die gewünschte Ausbildung könnte der Titel beispielsweise wie folgt lauten:
Lebensmittel- oder Molkereitechniker als Sachbearbeiter/Auditor (m/w/d) im QM-Bereich
Es sollte zusätzlich auf eine genderneutrale Ansprache geachtet werden (m/w/d oder m/w/x).

Ihre Aufgaben

- Mitarbeit bei der Bewertung des Qualitäts- und Lebensmittelsicherheitsmanagement
- Durchsetzung der betrieblichen Hygienevorschriften, des QM-Systems und des HACCP-Konzepts
- Aufrechterhaltung und Weiterentwicklung des QM-Systems und des HACCP-Konzepts
- Einleitung und Durchsetzung von Korrektur- und Vorbeugemaßnahmen im Qualitäts- und Lebensmittelsicherheitsmanagement
- Co-Auditorin bei Internet und Lieferantenaudits
- Erstellung von Deklarationen und Spezifikationen der ODW Frischprodukte
- Lebensmittelrechtliche Prüfung und Freigabe der eingesetzten Rohstoffe
- Information der Mitarbeiter über Neuerungen/Änderungen im Qualitätsmanagement
- Abstimmung, Koordination und Beantwortung von Verbraucheranfragen und Reklamationen
- Mitglied im HACCP-Team

Für eine bessere Lesbarkeit empfiehlt es sich, Aufgaben, Profil und Benefits in Form von Bulletpoints darzustellen sowie jeweils maximal 8–10 Stichpunkte aufzuführen. Auf die Verwendung von langen Sätzen oder Fließtext sollte hier ebenfalls verzichtet werden.

Ihr Profil

- Kaufmännische Ausbildung wünschenswert

Hier ist eine normale kaufmännische Ausbildung im Hinblick auf die Spezialisierung im Lebensmittelbereich plus Qualitätsmanagement wohl kaum ausreichend. Wird dies nicht angepasst, werden wahrscheinlich keine oder nur wenige passende Kandidaten den Weg in den Posteingang der Personalabteilung finden. In diesem Fall sollte die gewünschte Ausbildung dringend angepasst werden: Beispiel:

- Eine kaufmännische Ausbildung sowie ein erfolgreich abgeschlossenes Studium oder eine Weiterbildung zum Meister/Techniker in den Bereichen Lebensmitteltechnik, Molkereitechnologie oder Verfahrenstechnik. Quereinsteiger aus anderen Bereichen mit den entsprechenden Fähigkeiten sind ebenfalls willkommen.

- mehrjährige entsprechende Berufserfahrung in einer vergleichbaren Position in der Lebensmittelbranche
- Erfahrungen in der Steuerung bzw. Durchführung von Audits sind willkommen, aber keine Voraussetzung
  - Integrität, Ehrlichkeit und Zuverlässigkeit

Dies wird normalerweise als selbstverständlich vorausgesetzt und benötigt im Anzeigentext selber keine ausdrückliche Nennung. Im Zweifelsfall kann nach Eingang der Bewerbung problemlos selektiert werden, wer zum Unternehmen passt und wer nicht.

- Äußerst strukturierte/organisierte Arbeitsweise
- Hohe Team- und Kommunikationsfähigkeit

Es wird empfohlen, Begriffe wie sehr gute, hohe, äußerste, überdurchschnittliche, ausgeprägte o.ä. etwas abzuschwächen da eigentlich passende Kandidaten mitunter dazu neigen, sich selbst schlechter einzuschätzen als sie wirklich sind und im schlechtesten Fall aus Verunsicherung von einer Bewerbung absehen könnten. Auch hier lässt sich nach Eingang der Bewerbung leicht selektieren, wer für die Stelle qualifiziert ist und wer nicht.

- Selbstkontrolle

Wirkt befremdlich und sollte daher entfallen, eine solche Eigenschaft kann zudem als selbstverständlich vorausgesetzt werden.

- Gute Deutschkenntnisse

Eine solche Formulierung kann dazu führen, dass sich jeder angesprochen fühlt, da die Stufe der gewünschten Sprachkenntnisse nicht klar formuliert wird. Besser: Verhandlungssichere Deutschkenntnisse in Wort und Schrift

- Betriebswirtschaftliches Verständnis und organisatorisches Talent

Begriffe wie Verständnis, Kenntnisse, Wissen oder Talent sind reine Floskeln und sagen nichts über die eigentliche Qualifikation des Bewerbers aus. Hier sollten andere Begriffe verwendet werden wie beispielsweise ein

Abschluss/Weiterbildung in Betriebswirtschaft, Erfahrung in der Organisation von... etc.

- Routine mit dem MS-Office-Paket und bestenfalls Erfahrungen im Umgang mit SAP
- Flexibilität *(in Bezug auf was???)*
- Reisebereitschaft *(Dauer, ungefähre Häufigkeit)*
- Einsatzbereitschaft und Zuverlässigkeit

Wir bieten

- Abwechslungsreiche Tätigkeit in einem modernen Sozialunternehmen
- Verantwortung und Raum für Ihre persönliche und fachliche Entwicklung
- Möglichkeiten zur Fort- und Weiterbildung

Hier sollten, soweit vorhanden, noch weitere Punkte ergänzt werden, um sich auch wirklich positiv von anderen ausschreibenden Unternehmen abzuheben, anstatt nur die üblichen Punkte zu wiederholen. Beispiel:

- Umfangreiche Sozialleistungen wie Altersvorsorge, Weihnachts- und Urlaubsgeld
- Für die kostenlose Versorgung mit Obst, Heiß- und Kaltgetränken ist gesorgt
- Ausreichend kostenlose Parkplätze
- Regelmäßige Mitarbeiter- und Teamevents

Wenn wir Ihr Interesse geweckt haben und Sie sich der herausfordernden und vielschichtigen Aufgabe stellen möchten, melden Sie sich gerne und werden Sie Teil unseres Teams.

Auf Ihre Bewerbung freuen wir uns, bevorzugt per E-Mail: bewerbungodw @mustermix.de.

An dieser Stelle empfiehlt es sich, den Abschlusssatz kurz und persönlich zu gestalten, um den Kandidaten so gut wie möglich abzuholen. Er hat die Anzeige bis hierher gelesen, ist also im Prinzip geneigt, über eine Bewerbung nachzudenken. Wird jetzt noch einmal die herausfordernde und vielschichtige, vielleicht auch trainingsintensive Tätigkeit betont, so könnte ihn dies noch einmal zu einem Umdenken bewegen. Ist im vorangegangenen Text alles gesagt worden, kann man sich nun getrost dem Abschluss widmen, um den passenden Kandidaten im besten Fall bald zu einem ersten Vorstellungsgespräch begrüßen zu dürfen. Beispiel:

Haben wir Ihr Interesse geweckt? Dann freuen wir uns über Ihre Bewerbung inkl. Anschreiben, Zeugnissen und nächstmöglichem Eintrittstermin bevorzugt per E-Mailan:

Hier können dann die entsprechenden Kontaktdaten, möglichst inkl. Ansprechpartner folgen.◄

Fazit Optimierung einer Stellenanzeige

Für den Erfolg einer Anzeige können Vollständigkeit und Gliederung eine nicht unerhebliche Rolle spielen. Zwar gibt es immer wieder Punkte, die für den Bewerber eigentlich selbstverständlich sein könnten, diese stellen jedoch nicht nur wichtige Keywords für die Auffindbarkeit und Kategorisierung der Anzeige dar, sondern bieten dem Kandidaten auch eine gewisse Sicherheit bei der Frage, ob er hier wirklich interessiert und qualifiziert sein könnte. Selbstverständlich muss der Bewerber auch ohne Aufstellung wissen, was im Rahmen der jeweiligen Tätigkeit zu leisten ist, dies entbindet das Unternehmen jedoch nicht von der Notwendigkeit, das entsprechende Aufgabengebiet in der Anzeige noch einmal konkret darzulegen.

3.3 Statistiken als mögliche Informationsquelle zur bisherigen Performance

Bei vielen Portalen haben Recruiter die Möglichkeit, Statistiken über die bisherige Laufzeit ihrer Anzeige zu erhalten. Diese bieten einen ersten Überblick über die derzeitige Performance der Ausschreibung (siehe Abb. 3.1).

Wichtig ist, dass den Kandidaten zunächst ein gewisses Zeitfenster für die Bewerbung eingeräumt wird. Beispielsweise braucht der ein oder andere Bewerber noch etwas Zeit zum Vergleich oder muss seine Unterlagen noch aktualisieren bzw. in das entsprechende Format bringen. Ein Zeitraum von ca. 7–10 Tagen ist daher empfohlen, um eine aussagekräftige erste Einschätzung der Schaltung tätigen zu können.

Einen ersten Eindruck über die Auffindbarkeit einer Anzeige erhält man in Form der Treffer in der Ergebnisliste. Sind diese zufriedenstellend, spricht

SPS-Programmierer / Inbetriebnehmer (m/w/d)	
Status: Online / gültig	Erstellt: 07.01.2019 - 09:37
Aktualisiert: 09.01.2019 - 09:37	Verlängert: 0
Aktualisiert: 08.02.2019 - 10:01	Gültig bis: 10.03.2019
Tage online: 34	*Treffer Ergebnisliste: 36566*
Clicks: 826	*Aufrufe Online-Bewerbung: 12*

Abb. 3.1 Die Statistik liefert dem ausschreibenden Unternehmen erste wichtige Information über den Verlauf und Erfolg der Anzeige

dies grundsätzlich schon einmal dafür, dass genügend relevante Schlagworte (Keywords) in Titel und Anzeigentext zu finden sind.

Das Verhältnis von Treffern in der Ergebnisliste zu Clicks (Aufrufen der Anzeige) vermittelt dagegen einen ersten Eindruck über die Aussagekraft des Titels. Ist dieses noch ausbaufähig, bedeutet dies, dass beim Titel noch konkreter Optimierungsbedarf besteht (missverständlich, zu wenig Aussagekraft etc.).

Sind die Clicks soweit zufriedenstellend, es fehlen jedoch die konkret eingesendeten Bewerbungen, spricht dies zwar für einen positiven Stellentitel, gibt jedoch Aufschluss über eventuellen Optimierungsbedarf im Anzeigentext (fehlende oder irreführende Angaben, zu unübersichtlich, aggressive Ansprache etc.). In diesem Fall können Kandidaten beispielsweise durch das Hinzufügen von zusätzlichen Angaben noch gezielter angesprochen werden.

Fazit Statistiken zur Online-Anzeige
Zahlen in Form von Statistiken sagen zwar im Normalfall nichts über das finale Bewerbungsergebnis im firmeneigenen E-Mail-Postfach aus, können jedoch einen ungefähren Aufschluss darüber geben, an welcher Stelle die Ursache für eventuell ausbleibende oder nicht passend Bewerbungen zu finden sein könnte.

3.4 Knackpunkt Fließtext: Wenn der Anzeigentext zum Nirvana wird

Wir kennen wahrscheinlich alle die Situation: Der Titel einer Anzeige klingt vielversprechend, wir klicken sie an und es öffnet sich ein riesiger Block von Text ohne Absatz oder sonstige Unterteilung. Auch die Abgrenzung der einzelnen Segmente wie Unternehmensvorstellung, Aufgaben, Profil und Benefits verschwimmen völlig, die Abschlussformel besteht lediglich in der Angabe einer E-Mail-Adresse oder wird komplett weggelassen.

Dies kann in der Praxis ungefähr wie folgt aussehen:

Negativbeispiel Stellenanzeige

Mit rund 8000 Beschäftigten ist die Musterhaus AG mit ihren Tochtergesellschaften einer der größten Arbeitgeber Düsseldorfs und entwickelt sich permanent weiter. Wir bieten ein breitgefächertes Aufgabenspektrum, das den Arbeitsalltag äußerst vielfältig gestaltet. Aus diesem Grund suchen wir motivierte Menschen, die sich den Veränderungsprozessen stellen und darin eine persönliche Herausforderung sehen. Im eigenen IT-Bereich und Rechenzentrum werden alle IT-Aufgaben für klinische und betriebswirtschaftliche Anwendungen von der fachlichen Prozessanalyse über die strategische Planung, Einführung und Entwicklung bis hin zum Betrieb abgedeckt. Im Zentrum der IT stehen Medico für die klinischen Prozesse und SAP für die Betriebswirtschaft. Für den Bereich SAP/Betriebswirtschaft suchen wir zum nächstmöglichen Termin einen/eine
SAP-Basis-Administrator/-in (m/w/d).
Die Musterhaus AG nutzt für die Verwaltung und Unterstützung der betriebswirtschaftlichen Prozesse überwiegend Standardsoftware von SAP: ERP (CO, FI, MM, PM, HCM), SRM, BW/BO, IdM sowie einige Erweiterungen von Drittanbietern. Spezielle Anforderungen über den SAP-Standard hinaus werden durch Eigenentwicklungen mit ABAP, Java, JSP ergänzt. Wir bieten Ihnen spannende Aufgaben in einer dynamischen Zukunftsbranche und viele Möglichkeiten, sich weiterzuentwickeln. Profitieren Sie dabei von einer offenen Arbeitsatmosphäre, einer sozialen und verantwortungsvollen Unternehmenskultur, schnellen Entscheidungswegen und attraktiven Konditionen. Freuen Sie sich auf Ihr neues Team, das gut zusammenarbeitet und Spaß bei der Arbeit hat. Im Rahmen Ihrer Tätigkeit beschäftigen Sie sich als SAP-Basis-Administrator/-in mit allen im UKD eingesetzten SAP-Systemen, zu denen auch das Data Warehouse System SAP BO gehört. Sie nehmen teil

bei der Planung und Durchführung von Upgrades und Releasewechsel der SAP-Systeme. Sie beherrschen Linux/Unix-Systemadministration, Sicherungsverfahren und die Unix-Shell-Programmierung. Zu Ihren Aufgaben gehören auch die Entwicklung, Konzeption und Umsetzung der Erneuerungen der Systeme und Migrationen sowie ein aktives Konfigurations- und Changemanagement. Sie sorgen für die Sicherstellung des operativen Betriebs unter Berücksichtigung von Hochverfügbarkeitskonzepten, administrieren und verwalten die zentralen Systeme rund um die SAP-Umgebung. Ihr Profil: Sie besitzen ein erfolgreich abgeschlossenes Studium der Fachrichtungen Fachinformatik oder Systemelektronik. Sie haben Freude am Kontakt zu anderen Menschen, sind flexibel sowie kundenorientiertes Auftreten und ein gepflegtes Äußeres sind für Sie selbstverständlich. Sie sind im Besitz eines gültigen Führerscheins der Klasse B. Wir erwarten Menschen mit Ecken und Kanten, die außergewöhnliche Projekte planen wollen. Bei der Musterhaus AG steckt viel dahinter: ein abwechslungsreicher und verantwortungsvoller Job mit Perspektiven. Ein Team, in dem es menschlich, respektvoll und fair zugeht. Und ein verlässlicher Arbeitgeber, der Sie fördert und auch mit Sozial- und Zusatzleistungen punktet. Wir bieten Ihnen eine sichere und anspruchsvolle Tätigkeit in unserem motivierten und engagierten Team und ein vielseitiges Aufgabengebiet in modern ausgestatteten Büros in Essen. Bewerben Sie sich jetzt – bitte online und mit Angabe Ihrer Zeugnisse sowie des nächstmöglichen Eintrittstermins: bewerbung@musterhaus.de. Wir freuen uns auf Sie.◄

Nicht nur, dass man erst lange suchen muss, bis man endlich die Informationen gefunden hat, die für eine Identifikation mit der ausgeschriebenen Stelle erforderlich sind: Grob gesagt macht hier das Lesen einfach keinen Spaß und die enthaltenen Benefits, sofern man sie findet, können im Endeffekt wahrscheinlich auch nichts mehr an der Tatsache ändern, dass ein Kandidat hier nach einer gewissen Anzahl von unstrukturierten Zeilen fast zwangsläufig das Interesse verliert. Hat sich doch ein Bewerber durch den Text gekämpft und entscheidet sich tapfer für das Absenden der Bewerbung, ist die Gefahr groß, dass diese nicht wirklich zu den gewünschten Anforderungen passt, da es durchaus passieren kann, dass wichtige Kriterien hier schlicht und einfach überlesen werden.

Aus diesem Grund ist es unerlässlich, die Anzeige mit einer konkreten Struktur zu versehen, innerhalb derer in den Aufgaben, im Profil sowie den Benefits möglichst auf die Verwendung von Fließtext und langen Sätzen verzichtet wird und diese stattdessen in Form von Bulletpoints darzulegen. Bei der Unternehmensvorstellung sowie der Abschlussformel kann hingegen auf Fließtext zurückgegriffen werden, um das kontrastreiche Bild der Anzeige zu vervollständigen.

Ein weiterer Grund, warum die Verwendung von Bulletpoints an den entsprechenden Stellen angeraten wird, ist der, dass der Kandidat so die einzelnen Punkte wie in einer persönlichen Liste „abhaken" kann, um für sich selbst zu entscheiden, ob die Stelle für ihn passend erscheint oder nicht.

> **Fazit Fließtext**
> Eine Anzeige sollte dem Bewerber möglichst übersichtlich und informativ auf den ersten Blick die wichtigsten Fakten liefern, um langfristig den entsprechend gewünschten Rücklauf an gewünschten Bewerbungen zu erreichen. Verliert der Kandidat beim Lesen die Lust oder findet nur schwer die für ihn relevanten Punkte, wird er sich höchstwahrscheinlich in den seltensten Fällen weit genug durch den Text arbeiten, um final aus eigener Überzeugung eine Bewerbung absenden zu können.

3.5 Den Kandidaten auf der passenden Ebene ansprechen

Jeder offen oder latent suchende Kandidat wünscht sich, einen Job zu finden, der seinen Kenntnissen und Fähigkeiten entspricht. Ein Bewerber/eine Bewerberin, der/die eine Ausbildung abgeschlossen oder ein Studium beendet, ist mit Recht stolz darauf und möchte letztendlich im Normalfall auch eine Anstellung finden, in der diese besonderen Kenntnisse gefragt sind. Es ist daher doppelt angeraten, in den Anforderungen die akademischen Fähigkeiten zu vermerken. Werden hier lediglich allgemeine Grundkenntnisse gefordert, wird sich eine gut ausgebildete Fachkraft allein schon aus den Gründen seltener bis gar nicht bewerben, da hier nicht nur seine Ausbildung, sondern im Regelfall auch die Bezahlung auseinanderdriften.

Dasselbe gilt für Bezeichnungen wie Junior im Stellentitel. Auch hier muss der Kandidat automatisch davon ausgehen, für den ausgeschriebenen Job als überqualifiziert zu gelten. Aus diesem Grund wird davon abgeraten, derlei Formulierungen im Titel zu verwenden, um zu verhindern, dass die Anzeige im Zweifelsfall zwar in der Ergebnisliste auftaucht, jedoch nur in seltenen Fällen wirklich gelesen wird.

Umgekehrt wird jedoch auch dringend davon abgeraten, die Anforderungen zu hoch anzusetzen. Ob es sich um den Senior im Stellentitel oder um mindestens 8–10 Jahre Berufserfahrung handelt: Hier wird sich auch ein eigentlich passender Bewerber abgeschreckt fühlen und im schlechtesten Fall von einer Bewerbung absehen, da er befürchten muss, jenen Anforderungen nicht wirklich gerecht werden zu können. Auch hier gibt es für den ersten Eindruck in der Regel keine zweite Chance. Wird eine Anzeige aus Verunsicherung wieder geschlossen, ist es relativ unwahrscheinlich, dass sie wieder geöffnet wird, um dem ausschreibenden Unternehmen doch noch eine Bewerbung zukommen zu lassen.

Ähnlich verhält es sich mit überspitzten Formulierungen bezüglich der Anforderungen innerhalb des Anzeigentextes. Es gibt tatsächlich Firmen, die sich regelrecht darauf spezialisiert haben, Kandidaten bereits während des Studierens der Anzeige auf den Zahn zu fühlen, indem sie gezielt Begriffe wie *überdurchschnittlich, außergewöhnlich, ausgezeichnet, exzellent* etc. zu verwenden. Dieses Verfahren kann sich bei Bewerbern mit extremem Selbstbewusstsein als durchaus zielführend erweisen, jedoch werden die meisten hier zumindest mit Unbehagen reagieren und nicht selten von einer Bewerbung absehen, da sie befürchten müssen, den hohen Anforderungen auf Dauer nicht gewachsen zu sein.

Im Idealfall sollte man zwischen diesen beiden Extremen (zu niedrige oder zu hohe Ansprüche) einen goldenen Mittelweg finden, um die Bewerber auf Augenhöhe anzusprechen sowie ihnen die Möglichkeit zu geben, sich in aller Ruhe realistisch mit der ausgeschriebenen Stelle zu identifizieren. Anhand eines Telefoninterviews oder Vorstellungsgesprächs lässt sich auch hier später genau herausfiltern, welcher Kandidat für die Stelle geeignet sein kann und welcher eher nicht.

Fazit Ansprache der Bewerber

Im Endeffekt sollte sich jeder Recruiter vorab überlegen, was er selbst anstelle des anzusprechenden Kandidaten von einer Stellenausschreibung erwarten würde. Letztendlich möchte jeder aktiv oder auch latent Suchende, dass seine Fähigkeiten geschätzt werden und er sich als vollwertiges Mitglied eines funktionierenden Teams in das Unternehmen einbringen kann. Wird dieses Team von vornherein mit Worten wie exzellent oder herausragend betitelt, kann es für einen Bewerber schwierig werden, sich hier eine Zusammenarbeit auf Augenhöhe vorzustellen. Ähnliches gilt für eine Stelle als Junior oder Anforderungen wie überdurchschnittlicher Abschluss bzw. exzellente Kommunikationsfähigkeit. Um ein positives Gefühl bzw. Interesse beim Kandidaten zu wecken, sollte auf derartige Begrifflichkeiten verzichtet werden. Meistens gelingt es auch auf anderen Wegen, eine ansprechende Ebene zu erzeugen, auf der man sich gerne auf ein Kennenlernen einlässt und dem ersten Vorstellungsgespräch zwar mit Respekt, aber ohne Alpträume entgegenblicken kann.

3.6 Dos and Don'ts bei möglichen Perspektiven

Immer wieder werden Stellen mit dem Ziel ausgeschrieben, die Kandidaten in eine bestimmte Richtung (beispielsweise Niederlassungsleitung) weiterzuentwickeln. Dies bringt jedoch bei der Ausschreibung der Stelle einige Tücken mit sich, wenn es darum geht, die potenziellen Bewerber bestmöglich zu erreichen.

Die Frage ist vor allem, in welchem Zeitraum der entsprechende Aufstieg ggf. angedacht ist und wie sicher die Weiterentwicklung bei der Vertragsunterzeichnung verankert werden soll. Handelt es sich beispielsweise um eine normale Mitarbeiterposition mit der Aussicht, die jeweilige Abteilung unter Umständen innerhalb der nächsten Jahre übernehmen zu können, ist dies eine Aussicht, die in der Stellenanzeige selbst noch nicht erwähnt werden sollte. Zum einen stellt jedes im Anzeigentext genannte Wort einen eigenen Suchbegriff dar, unter dem die Anzeige bei der Stichwortsuche gefunden wird, sie wird also auch für diejenigen in der Ergebnisliste auftauchen, die gezielt nach einer Stelle als Abteilungsleiter/in gesucht haben. Das Suchergebnis wird also in jedem Fall verfälscht und führt im Endeffekt zu Irritationen bei allen Beteiligten.

Des Weiteren wird der Kandidat, der auf eine baldige Weiterentwicklung hofft, zumindest irritiert sein, wenn er im Laufe eines ersten Kennenlernens erfährt, dass diese erst im Laufe der nächsten Jahre angedacht ist. Es ist außerdem vorab nie ersichtlich, wie sich der Kandidat einarbeitet und entwickelt, man kann also unmöglich voraussehen, ob er beispielsweise wirklich innerhalb der nächsten drei Jahre Bereit für eine Führungsposition sein wird. Hier können außerdem betriebliche Entwicklungen dazwischengrätschen, die oft ebenfalls auf lange Sicht nicht ersichtlich sind. In diesem Fall wird empfohlen, die Position ausschließlich in der Form auszuschreiben, die zum Zeitpunkt der Vertragsunterzeichnung den Ist-Zustand darstellen wird und derart langfristige Perspektiven frühestens in einem ersten Vorstellungsgespräch zur Sprache zu bringen, damit eventuelle Fragen auch direkt vor Ort beantwortet werden können.

Hinzu kommt, dass ein potenzieller Bewerber für einen normalen Mitarbeiterposten derzeit ggf. noch gar nicht bereit ist, über eine Position als Abteilungs-

oder Niederlassungsleiter nachzudenken. Derselbe Kandidat kann nach entsprechender Einarbeitung für dieselbe Stelle genau geeignet sein. Wird er jedoch von der bloßen frühzeitigen Erwähnung der möglichen Weiterentwicklung abgeschreckt und sieht im schlechtesten Fall von einer Bewerbung ab, wird man dies nie feststellen.

Etwas anders verhält es sich, wenn es um die absehbare Übernahme einer Führungsposition aus Altersgründen geht und dieses von vornherein im Vertrag vermerkt wird, damit der neue Mitarbeiter beispielsweise vorab von der scheidenden Person eingearbeitet wird. In diesem Fall ist es durchaus sinnvoll, dies im Anzeigentext im Bereich "Wir bieten" zu erwähnen, je nachdem, wie kurz oder lang der Zeitraum vom Beginn der Einarbeitung bis zur Beförderung in die entsprechende leitende Funktion gestaltet wird, kann dies ggf. dann sogar im Stellentitel erwähnt werden.

Fazit Perspektiven
In einer Anzeige sollen keine Luftschlösser gebaut, sondern konkrete Fakten dargestellt werden. Weder Kandidat noch Chef können wissen, wie die Situation und das Arbeitsverhältnis sich innerhalb der nächsten Jahre entwickeln, es ist also nicht wirklich angebracht, bereits in der Stellenanzeigen von eventuellen Perspektiven innerhalb der nächsten Jahre zu berichten, um suchende zu einer Bewerbung zu bewegen. Dies kann nicht nur zu Irritationen bei Bewerbern, sondern auch zu Verfälschungen des jeweiligen Suchergebnisses führen. Handelt es sich jedoch um konkrete Aussichten, beispielsweise bei Altersaustritt oder Generationswechsel, kann dies im Bereich "Wir bieten" oder in sehr konkreten Fällen auch im Stellentitel angegeben werden.

3.7   Senior, Junior & Co. – Immer eine Sache der Betrachtung

Ein weiteres heißes Eisen stellt die Ausschreibung von Stellen dar, die von vornherein als Senior oder Junior betitelt werden sollen. Dies ist innerhalb von Firmen häufig eine gängige Vorgehensweise, sorgt bei der Besetzung der Position jedoch erst einmal für Fragezeichen. Schließlich bringt es die jeweiligen Kandidaten in die Lage, sich selbst bewerten zu müssen. Eine vollwertig ausgebildete Fachkraft möchte in der Regel auch als eine solche betrachtet werden und wird sich daher kaum eine Anzeige auch nur näher anschauen, die den Begriff Junior im Titel beinhaltet. Genauso kann es vorkommen, dass sich eigentlich passende Kandidaten noch nicht bereit dazu fühlen, als Senior in einem Unternehmen anzufangen. Im Laufe des weiteren Einstellungsprozesses relativieren sich derartige Situationen meist, Fragen können beantwortet und Bedenken zerstreut werden und letztendlich sind Chef und Kandidaten zufrieden.

Doch wie kann man verhindern, dass sich Kandidaten vorab bereits gegen eine nähere Betrachtung entscheiden? Es ist empfehlenswert, Begriffe wie *Senior* oder *Junior* komplett aus dem Titel zu streichen und stattdessen mit der Berufserfahrung zu arbeiten. Ein Berufseinsteiger bzw. jemand mit erst kurzer Berufserfahrung wird für die Gegebenheiten einer Juniorposition ggf. eher infrage kommen, wenn dies in einem ersten Vorstellungsgespräch genauer erläutert wird. Genauso kann im Laufe eines ersten persönlichen Kennenlernens konkret die Stelle eines Seniors besprochen werden. In beiden Fällen besteht die Möglichkeit, alle Gesichtspunkte zu erläutern und offene Punkte zu klären, ohne den Kandidaten mit seiner Entscheidung komplett allein zu lassen. Hinzu kommt, dass der persönliche Faktor eine mindestens genauso wichtige Rolle spielt. Sobald dieser stimmt, ist ein Kandidat häufig auch bereit, sich höhere Anforderungen zuzutrauen bzw. eine längere Einarbeitungsphase in Kauf zu nehmen.

Fazit Senior/Junior
Die Begriffe Senior und Junior stellen innerhalb eines Unternehmens wichtige Bestandteile der Belegschaft dar, können im Titel einer Stellenanzeige jedoch eher kontraproduktive Auswirkungen haben. Um den Suchenden zunächst zum Öffnen und Studieren einer Anzeige zu bewegen, wird empfohlen, diese Zusatzbegrifflichkeiten im Titel zu vermeiden und stattdessen im weiteren Textverlauf oder noch idealer im Rahmen eines ersten Vorstellungsgesprächs zu thematisieren. Hier wird der Kandidat mit seinen Fragen und Bedenken nicht allein gelassen, sondern kann optimal abgeholt werden und dementsprechend objektiv entscheiden, ob die angegebene Stelle für ihn geeignet ist oder nicht.

3.8 Genderneutralität, Lichtbild und Co., nicht nur persönlich relevant

Dass bei der Neueinstellung und Leitung von Personal generell Fingerspitzengefühl gefragt ist, versteht sich von selbst, es gibt jedoch Vorgaben, die über das ungeschriebene Gesetz zum Umgang mit- und untereinander hinausgehen.

So kann immer wieder vorkommen, dass ein Anzeigentext im Allgemeinen oder Stellentitel im Besonderen Formulierungen enthalten, die als AGG-kritisch gelten (AGG = Allgemeines Gleichstellungsgesetz). Hier sollte bei der Formulierung darauf geachtet werden, dass die entsprechenden Bestimmungen eingehalten werden. Formulierungen wie *junges Team*, die Aufforderung zur Zusendung eines Bewerbungsfotos oder auch der Verzicht auf die bewusste Ansprache sämtlicher Geschlechter können eine Diskriminierung darstellen und bei Nichtbeachtung zu empfindlichen Strafen führen.

Eine gängige Vorgehensweise, die mittlerweile bei der Formulierung des Titels angewendet wird, ist das Hinzufügen des dritten Geschlechts, beispielsweise in der Schreibweise (m/w/d), (m/w/divers) oder (m/w/x).

Ebenfalls sollte auf die Angabe einer Obergrenze für Berufserfahrung verzichtet werden, von der Angabe einer Spanne ist ebenfalls dringend abzuraten (Beispiel: 2–6 Jahre Berufserfahrung). Hier können die Angaben **entsprechende Berufserfahrung** oder auch **mindestens 2–6 Jahre Berufserfahrung** eine sinnvolle Alternative darstellen. Hinweis: Durch den Begriff *mindestens* wird verhindert, dass eine unzulässige Festlegung der konkreten Spanne für die Berufserfahrung erreicht wird. Es wird jedoch deutlich, dass der Fokus nicht ausschließlich auf Berufsanfängern liegt, sondern auch Kollegen mit deutlich höherer Berufserfahrung durchaus willkommen sind.

Ein weiterer wichtiger Punkt, auf den heutzutage dringend verzichtet werden sollte, ist die Aufforderung zur Beilage eines Lichtbilds. Hier gibt es keine unkritische Alternative, es sollte vielmehr nach Qualifikationen und Leistungen bewertet werden, um zu entscheiden, ob der betreffende Kandidat zu einem näheren Kennenlernen eingeladen wird oder nicht. Ein persönliches Vorstellungsgespräch vermittelt im Normalfall einen wesentlich genaueren Eindruck, ob der Bewerber final in das Unternehmen passen könnte oder nicht.

Fazit AGG-kritisch
Selbstverständlich ist es jedem Unternehmen selbst überlassen, welche Formulierungen und Angaben in der Stellenanzeige auftauchen. Aufgrund der

aktuellen Gesetzgebung ist es jedoch unbedingt angeraten, die oben angegebenen Punkte genau zu hinterfragen, um eventuelle juristischen Konflikte nach einer Absage zu vermeiden.

3.9   Für und Wider einer englischsprachigen Anzeige

In manchen Branchen und Regionen ist es nach wie vor gang und gäbe, die Anzeigen auf Englisch zu formulieren, um von vornherein die englische Sprachsicherheit der Kandidaten zu testen bzw. klar darzustellen, dass es sich hierbei um die entsprechende Unternehmenssprache handelt. Dies hat auch häufig eine schlüssige Berechtigung, vor allem, wenn der Mutterkonzern im Ausland sitzt. Man sollte sich hier jedoch darüber im Klaren sein, dass dies in manchen Städten und Branchen besser funktioniert als in anderen. Es kann passieren, dass eigentlich passende Kandidaten zwar die gewünschten Kenntnisse mitbringen, sich jedoch selbst schlechter einschätzen, als sie in Wirklichkeit sind. Dies kann in den ungünstigsten Fällen den Effekt haben, dass sie sich nicht zutrauen, auf eine englische Anzeige zu antworten und sich aus diesem Grund eher bei einem anderen Unternehmen bewerben.

Hinzu kommt, dass die Veröffentlichung einer auf Englisch geschriebenen Anzeige auch suchmaschinentechnisch erhebliche Nachteile mit sich bringen kann. Je nach Branche ist es mittlerweile auch üblich, nach englischen Fachbegriffen wie beispielsweise Business Analyst oder Supply Chain Manager zu suchen. In den meisten Fällen werden jedoch immer noch deutsche Begriffe eingegeben, was zwangsläufig dazu führen kann, dass englische Anzeigentitel erst weiter hinten in der Ergebnisliste auftauchen und deshalb unter Umständen nicht berücksichtigt werden können. Gleiches gilt für Suchbegriffe im Anzeigentext selbst, auch hier kann der Suchalgorithmus nur dann zu klaren und sichtbaren Ergebnissen führen, wenn Begriffe enthalten sind, die auch in einer Suche verwendet werden. Diese sogenannten Keywords können letzten Endes über die Auffindbarkeit und Klarheit einer Anzeige entscheiden.

Eine vielfach erprobte Vorgehensweise besteht darin, die Anzeige zunächst auf Deutsch zu formulieren, um die Kandidaten langsamer heranzuführen. Hierbei kann in der Anzeige klar darauf hingewiesen werden, dass Englisch die Unternehmenssprache ist und verhandlungssichere Englischkenntnisse in Wort und Schrift daher unabdingbar zu den wichtigsten Voraussetzungen gehören. Im weiteren

Verlauf kann anhand eines Telefoninterviews vorab problemlos abgeklärt werden, ob die vorhandenen Englischkenntnisse zu den Vorgaben passen oder nicht. Mit dieser Vorgehensweise kann unter Umständen der eine oder andere wertvolle Mitarbeiter gewonnen werden, der dem Unternehmen unter anderen Umständen entgangen wäre.

Eine weitere Möglichkeit besteht darin, die Anzeige auf Deutsch auszuschreiben und die Bewerbung sowie den Lebenslauf auf Englisch einzufordern.

Fazit englischsprachige Anzeige
Das Ausschreiben einer englischsprachigen Stellenanzeige ist in verschiedenen Branchen durchaus üblich, kann jedoch in anderen Bereichen sowohl suchmaschinentechnisch als auch individuell bei sonst passenden Kandidaten zu erschwerenden Umständen führen. Beispielsweise können Bewerber, die im Grunde die entsprechenden Fähigkeiten mitbringen, durch das Öffnen einer englischen Anzeige verunsichert werden, ob sie im entscheidenden Einstieg auch die richtigen Worte finden. Man sollte also genau abwägen, ob eine Publizierung der Anzeige auf Englisch wirklich die richtige Entscheidung darstellt. Im Zweifelsfall kann anhand eines Telefoninterviews problemlos selektiert werden, ob die entsprechenden Sprachkenntnisse vorhanden sind oder nicht.

3.10 Möglicher Mehrwert eines Unternehmensvideos

Ist ein Bewerber aktiv oder auch latent auf der Suche nach einem neuen Arbeitsplatz, spielen hier verschiedene Punkte eine Rolle: Der Wunsch nach Sicherheit, vielleicht auch der Aufbruch zu neuen Ufern, ein höheres Gehalt, mehr Verantwortung, einfach ein neues Arbeitsumfeld... Bei all diesen Faktoren darf ein entscheidender Punkt nicht außer Acht gelassen werden: die Relevanz des Bauchgefühls. Es ist nicht leicht, diese Ebene in einer normalen Textanzeige zu erreichen. Man kann zwar die allgemeinen Umstände umreißen und die Anforderungen beschreiben, jedoch sagen diese noch nicht wirklich etwas darüber aus, wie es in den entsprechenden Unternehmen wirklich zugeht. Selbstverständlich erfährt der Kandidat spätestens in einem ersten Vorstellungsgespräch etwas über die Firmenphilosophie, lernt erste potenzielle Kollegen kennen, kundschaftet die Räumlichkeiten aus und erhält den ersten wirklich aussagekräftigen Eindruck über die Stimmung und die Atmosphäre im Büro. Dies setzt jedoch voraus, dass er sich vorab bereits zur Abgabe einer Bewerbung entschieden hat.

Um diesen Punkt frühzeitig hervorzurufen, ist es sinnvoll, etwas von der Atmosphäre des Unternehmens mit in die Anzeige einzubringen. Das kann ebenso ein virtueller Rundgang wie auch verschiedene Interviews mit Mitarbeitern oder auch ein Einblick in die Betriebskantine sein, um etwas von der Grundstimmung zu vermitteln, die den Spirit des Betriebs ausmacht. Keine geschriebene Anzeige kann innerhalb kürzester Zeit so viele Informationen preisgeben wie ein gut gestaltetes Firmenvideo als YouTube-Link oder ähnliches. Auf diese Art und Weise kann sich der Bewerber erstmalig mit den Gegebenheiten des entsprechenden Unternehmens vertraut machen und auf emotionaler Ebene entscheiden, ob er sich in dieser Arbeitsatmosphäre einfinden möchte oder nicht.

Selbstverständlich ist es kein wirklicher Nachteil, eine Anzeige ohne Video zu veröffentlichen. Eine gut gestaltete Textanzeige enthält normalerweise auch alle Informationen, die ein Bewerber für eine erste Selektion benötigt. Es kann jedoch an einem Punkt, an dem es sich zwischen verschiedenen Angeboten zu entscheiden gilt, das berühmte Zünglein an der Waage ausmachen, das dazu führt, dass sich der Kandidat für die Stelle entscheidet, bei der er bereits einen ersten Einblick in den Arbeitsalltag erhalten hat.

> **Fazit Unternehmensvideo**
> Das Einfügen eines Unternehmensvideos ist nicht in jedem Anzeigenmodell möglich und je nach Stelle reicht auch oft eine punktgenaue textliche Darstellung, um das Unternehmensumfeld zu umreißen sowie einen ersten Überblick über die zu erwartende Arbeitsatmosphäre zu vermitteln. Gerade für schwerer zu besetzende Stellen, die vielleicht auch noch in einer weniger gefragten Region zu finden sind, ist es jedoch eine mögliche Maßnahme, den Kandidaten durch visuelle Eindrücke noch zusätzlich von dem Reiz der dortigen Arbeitsbedingungen zu überzeugen. Letztendlich wird hier zusätzlich auch noch ein nachhaltiger Eindruck hinterlassen und man kommt ggf. auch mit anderem Hintergrund ins Gespräch.

3.11 Die Sache mit der Sammelanzeige

Die in Kap. 1 genannte Unterscheidung zwischen Print- und Online-Anzeigen sorgt vor allem dafür, dass im Online-Bereich von der Ausschreibung verschiedener Stellen in einer Anzeige unbedingt abzuraten ist. Doch was genau bezeichnet eigentlich eine Sammelanzeige? Hierzu muss gesagt werden, dass in einer Anzeige passend zu einem bestimmten Profil selbstverständlich beliebig viele Jobs, also Stellen, besetzt werden können. Beispielsweise kann ein Unternehmen in einer Anzeige unbegrenzt viele Vertriebler mit identischem Anforderungsprofil suchen. Anders verhält sich die Sache jedoch, wenn in einer Anzeige verschiedene Stellen mit unterschiedlichen Anforderungen und Aufgaben benannt werden. Eine solche Vorgehensweise kann beispielsweise der Fall sein, wenn neben normalen Mitarbeitern auch Teamleiter oder Werkstudenten angesprochen werden. Auch die Aufzählung von Stellenausschreibungen aus verschiedenen Abteilungen wie Einkauf und Buchhaltung oder Personalwesen in einem Anzeigentext entspricht einer Sammelanzeige und wäre in dieser Form nicht zielgerichtet.

Hintergrund ist der, dass hier im Printbereich nicht das Thema der Auffindbarkeit zutage tritt, auch in diesem Fall schlägt man eine Tageszeitung auf und hat die entsprechende Auswahl direkt vor sich. Bei einer Online-Stellenanzeige dagegen gibt der Kandidat einen Suchbegriff ein und erhält daraufhin die besagte Liste von Stellentiteln in der Hoffnung, dass das Ergebnis auch seinen Wünschen entspricht. Dies ist jedoch bei einer sogenannten Sammelanzeige nicht mehr eindeutig möglich, da jede einzelne Stelle ihre eigenen Such- bzw. Fachbegriffe beinhaltet, die in diesem Fall eine passgenaue Suche unmöglich machen. Des Weiteren ist hier auch eine konkrete Kategorisierung im Hinblick auf die einzelnen Berufszweige nicht möglich, was zur Folge hat, dass keine eindeutige Zielgruppe mehr zugeordnet werden kann. Im Endeffekt führt dies im ungünstigsten Fall dazu, dass für eine Anzeige viel Geld bezahlt wird, diese jedoch nicht den gewünschten Erfolg bringen kann, da sie in dieser Form nicht oder lediglich sehr schlecht gefunden werden kann.

Fazit Sammelanzeigen
Zwar mag es im ersten Moment aufwendiger erscheinen, für jede Position eine eigene Anzeige zu schalten, im Endeffekt kommt es jedoch auf die möglichst schnelle und effektive Besetzung einer Vakanz an. Zu diesem Zweck es eine konkrete und zielgerichtete Ansprache unerlässlich.

Was Sie aus diesem *essential* mitnehmen können

Mittlerweile hat die Thematik in sämtlichen Unternehmen Einzug gehalten: Fachkräftemangel ist nicht nur eine Floskel, sondern Realität. Die Zeiten, in denen Bewerber sich umfangreich auf Einstellungsgespräche vorbereitet und für das Unternehmen chic gemacht haben, sind vorbei. Heutzutage werden zwar in den verschiedensten Bereichen nach wie vor Jobs gesucht, jedoch müssen sich die Unternehmen mittlerweile für die Bewerber attraktiv machen. Dies gilt für jede Form des Recruitings, die Stellenanzeige im Online-Bereich ist hier keine Ausnahme und stellt nach wie vor eines der tragenden Werkzeuge bei der Personalsuche dar.

In vielen Fällen wird der ausbleibende Erfolg einer Anzeige auf die derzeit herrschende Unsicherheit im Rahmen der Coronakrise, die Region, den Mangel an Fachkräften, den Konkurrenzdruck größerer und bekannterer Unternehmen oder viele weitere Faktoren zurückgeführt, an denen man augenscheinlich erst einmal nichts ändern kann. Dies ist selbstverständlich völlig richtig, jedoch muss man sich diesen Umständen nicht kampflos geschlagen geben. Es wird immer eine größere oder kleinere Anzahl an potenziell passenden Kandidaten geben, die sich auf die Suche nach genau einem Stellenangebot machen, welches dem entspricht, welches gerade veröffentlicht wurde. Sei es, weil der oder diejenige der oft so angepriesenen Großstadt endlich einmal den Rücken kehren möchte oder gerade wegen der derzeit herrschenden Flaute endlich einmal die Zeit und Muße findet, sich auf die Suche zu begeben. Die Kunst besteht hier darin, genau diese oft wenigen passenden Kandidaten auf sich aufmerksam zu machen, da sich hier durchaus der perfekte Bewerber mit den entsprechenden Skills verbergen könnte.

Mithilfe dieses kleinen Ratgebers möchte ich meinen Teil dazu beitragen, offene Stellen unter Umständen noch etwas schneller und effektiver besetzen zu können, indem die Interessen von Arbeitgeber und Arbeitnehmer möglichst ideal in Einklang gebracht werden. Selbstverständlich stehen bei der Einstellung von Fach- und Führungskräften auch weiterhin die Persönlichkeit und Fachkompetenz im Vordergrund, im besten Fall kommt alles in einem besonderen Paket zusammen und bildet die Basis für ein gutes und erfolgreiches Arbeitsverhältnis.

Den ausschlaggebenden Faktor für die finale Unterzeichnung eines Arbeitsvertrages kann natürlich letztendlich immer nur das persönliche Gespräch darstellen, hier wird sich final zeigen, ob alle Teile zusammenpassen und man sich eine Zusammenarbeit vorstellen kann. Damit es zu diesem Zusammentreffen kommen kann, ist es unverzichtbar, sich vom ersten Moment an als passender und attraktiver Arbeitgeber zu präsentieren und Dinge unverschleiert beim Namen zu nennen. Nur so hat der Kandidat die Möglichkeit, sich langfristig für das ausschreibende Unternehmen zu entscheiden. Hat er dies getan, können beide Parteien dafür sorgen, dass man im Idealfall langfristig zu einem für alle zufriedenstellenden Ergebnis kommt.

Was Sie aus diesem *essential* mitnehmen können
- Fachkräftemangel als branchenübergreifendes Thema
- Die Online-Stellenanzeige als tragendes Werkzeug im Recruitingbereich
- Die Kunst, aus einer ggf. geringen Auswahl die passenden Kandidaten anzusprechen
- Vakante Stellen noch schneller und effektiver zu besetzen
- Das persönliche Vorstellungsgespräch als Dreh- und Angelpunkt für eine gute und vertrauensvolle Zusammenarbeit